KB125632

나의 신조

나는 나의 능력을 믿으며
어떠한 어려움이나 고난도 이겨낼 수 있고
항상 자랑스러운 나를 만들 것이며
항상 배우는 사람으로 더 큰 사람이 될 것이다.

나는 늘 시작하는 사람으로 새롭게 일할 것이며,
나는 끈기 있는 사람으로 어떤 일도 포기하지 않고
끝까지 성공시킬 것이다.

나는 항상 의욕이 넘치는 사람으로
나의 행동과 언어, 그리고 표정을 밝게 할 것이다.

나는 긍정적인 사람으로 마음이 병들지 않도록 할 것이며
남을 미워하거나 시기, 질투하지 않을 것이다.

내 나이가 몇 살이든 스무 살의 젊음을 유지할 것이며
나는 세상에 태어나 한 가지 분야에서 전문가가 되어
나라에 보탬이 될 것이다.

나는 다른 사람의 입장에서 생각하고
나를 아는 모든 사람들을 사랑할 것이다.

나는 정신과 육체를 깨끗이 할 것이며
나의 잘못을 항상 고치는 사람이 될 것이다.
나는 나의 신조를 매일 반복하며 실천할 것이다.

윤석금

「나의 신조」를 만든 이유

1986년 어느 봄날, 회사가 점차 성장하면서 직원 수가 판매직을 포함해 1,000여 명쯤으로 늘었을 때였다. 회사가 작을 때는 윤석금 회장이 직접 직원들을 일일이 교육할 수 있었는데, 회사가 커지니까 그러기가 어려웠다. 직원들을 위한 '정신적 뿌리'가 있으면 좋겠다는 생각을 하던 차에 그가 평소 교육하던 내용, 자주 하던 말들을 모아 완성한 글이 「나의 신조」다. 이후 웅진에서는 직원들이 모일 때마다 이것을 함께 읊으며 정신력을 다졌다. 「나의 신조」는 직원들에게 힘, 용기, 희망을 주는 기업문화로 자리하며 큰 역할을 하고 있다.

나를 돌파하는 힘

일러두기

• 이 책은 윤석금 회장과 전미영 박사가 여섯 가지 주제를 중심으로 나눈 대담을 엮은 것이다.
  전미영 박사의 질문은 파란색으로, 윤석금 회장의 대답은 검은색으로 표기했다.
  출간 시점과 인터뷰 시기 간 차이로, 일부 기업 정보 등의 사실에 변동이 있을 수 있다.
• 이 책은 국립국어원 표준국어대사전의 표기법을 따랐다.

불안을 확신으로 바꾼 웅진 윤석금 회장의 인생 경영 멘토링

나를 돌파하는 힘

웅진그룹 회장 **윤석금** 지음 | 전미영 대담

리더스북

먼저 읽은 이들의 찬사

내가 아는 윤석금 회장은 어려움 속에서 늘 답을 찾는 사람이다. 무한한 긍정성과 모든 변화는 '나'로부터 시작해야 한다는 확신이 그 원동력이라 생각한다. 윤석금 회장이 전하는 탁월한 인생의 통찰은 업의 본질을 고민하는 청년들에게 명쾌한 해답이 돼줄 것이다.

— 정세균(전 국무총리)

불확실성 속에서 탁월한 결정을 통해 가치 창출을 일궈낸 윤석금 회장의 42년 경영사는 많은 이들의 심금을 적시는 한 편의 드라마이자 반세기 한국 경제 진화 과정이 담긴 기념비이다. '자신을 돌파하는 것'으로부터 모든 혁신이 시작됐다는 그의 말에 깊이 주목하지 않을 수 없다.

— 오연천(울산대학교 총장, 전 서울대학교 총장)

급변하는 환경 가운데 생존과 성장을 위해서는 지식이 필요하지만 지혜가 없다면 무용해진다. 윤석금 회장의 신간 『나를 돌파하는 힘』은 어떤 상황에서도 적용할 수 있는 지혜를 알려주고 있다. 미래를 준비하는 인재들에게 일독을 권한다.

— 권오현(전 삼성전자 회장)

모든 것이 송두리째 변하는 격변의 시대를 살아야 하는 우리에게 자신의 가능성을 어떻게 성장시켜 나갈 것인가는 커다란 화두가 됐다. 변화의 최전선에서 조직을 이끄는 리더부터 이제 사회에 첫발을 내디디려는 청춘에 이르기까지, 당면한 불확실성 속에서 나침반이 되는 것은 결국 자기 자신에 대한 확신뿐이기 때문이다. 이 책은 42년간 급변하는 경영계에서 독보적인 성공과 부활의 드라마를 써온 윤석금 회장의 조언과 통찰로 가득하다. 자신의 한계에 도전하는 모든 이에게 일독을 권한다.

—김난도(서울대학교 소비자학과 교수, 『트렌드 코리아』 저자)

불확실성의 시대에 고민하는 청년부터 성공한 CEO에 이르기까지, 윤석금 회장이 보내는 따뜻한 조언과 현실감 있는 경영 멘토링을 만날 수 있다. 내가 아는 윤석금 회장의 삶이 과장 없이 그대로 녹아 있는 진솔한 이야기는 마치 그와 실제로 대화하는 것 같은 긍정의 기운을 선사한다.

—강한승(쿠팡 대표이사)

기업 경영에 있어 항상 깨닫는 게 있다면 도망갈 데가 없고 도망가서도 안 된다는 것이다. 그래서 성공만큼 실패가 많고, 기쁨만큼 큰 고난이 오더라도 절대 포기하지 말고 이겨내야 한다. 42년 차 경영인으로서 지금도 도전을 멈추지 않는 윤석금 회장의 이야기를 통해 경영 원칙과 삶의 신조에 대한 새로운 깨달음을 얻는다.

—김종윤(야놀자 대표이사)

치열한 승부의 세계에서 살아남기 위해서는 자신의 한계를 뛰어넘어야 한다. 사실 이는 거친 세상을 살아가는 모든 이들에게도 마찬가지일 것이다. 40여 년 경영의 지혜가 고스란히 담긴 윤석금 회장의 따뜻한 조언을 들으며 오늘도 나 자신과 세상에 도전할 용기를 얻는다.

—이승엽(전 야구선수)

불안에 흔들리지 않고
자신의 한계에 끝없이 도전하는
모든 이들에게 바칩니다.

차례

새로운 시대에 필요한 역량을 가졌는가

지금은 리더의 역할이 아주 중요한 시대다. 전 세계적으로 정치, 경제, 과학 등 여러 분야에서 리더의 결정이 엄청난 변화로 이어지는 것을 볼 수 있다. 특히 기업의 관점에서 경영자의 리더십은 조직의 성장에 큰 영향을 미친다. 리더가 방향성을 잘 선택했을 때 과거에는 성장률이 몇 퍼센트 혹은 몇십 퍼센트에 불과했다면 이제는 몇백 퍼센트, 몇천 퍼센트에 달한다는 소식을 접할 수 있다.

나는 웅진씽크빅과 웅진코웨이를 직접 경영하면서 1년에 이와 같은 폭발적인 성장을 이끈 경험이 있다. 새로운 아이디어나 혁신이 없었다면 이 정도의 큰 성공은 불가능했을 것이다. 리더는 과거의 지식에 머물러서는 안 된다. 주입식 교육으로 배웠던 지식은 상당 부분 필요가 없어졌다. 미래로 나아가기 위해 지금부터 우수한 사례를 벤치마킹하고, 새로운 정보를 충분히 습득해야 한다. 특히 모든 분야에서 IT 지식이 필수적이므로 리더와 전 직원이 IT에 관한 기본적인 지식을 갖추는 것이 중요하다.

리더는 시대의 흐름을 민첩하게 살피고 소비자들에게 만족감을 줄 수 있는 방향을 직원들에게 제시할 수 있어야 한다. 뛰어난 리더십은 좋은 기업문화를 만들고, 소비자들의 마음을 움직이는 제품을 만드는 데도 결정적인 역할을 한다. 아무리 탁월한 역량을 지녔어도 소비자를 파악하지 못한다면 성공할 수 없다.

이 책은 서울대학교 소비트렌드분석센터 전미영 박사와 함께 집필했다. 사회, 문화, 소비 전반에서 발생하는 트렌드를 종합적으로 분석하고 연구해 온 전미영 박사는 리더의 역할과 자질, 조직과 기업문화, 변화된 업무 환경, 그리고 직장인들의 일반적인 고민 등에 대해 다양한 질문을 했다. 나는 지난 경험과 내가 가진 정보를 종합해 최대한 구체적으로 답변했다.

 변화의 속도가 빨라진 시대에 발맞춰 미래로 나아가지 못하고 과거의 기업 형태에 머문다면 금세 위기에 처할 것이다. 단순히 성실하고 부지런한 사람이 성공하던 시대는 지났다. 성실성은 필수적인 요소일 뿐, 이제는 새로운 아이디어와 제대로 된 방향성을 제시할 수 있는 리더가 필요하며 그런 역량이 있는 사람이 성공한다. 나는 많은 질문에 답변하면서 이 시대의 리더에게 필요한 내 경험과 생각을 자세히 전하고자 했다. 이 책이 직장 생활을 하는 리더들이나 리더가 되길 원하는 젊은이들에게 꿈을 심어줄 수 있길 바란다.

2022년 6월

윤석금

나를 돌파하는
힘

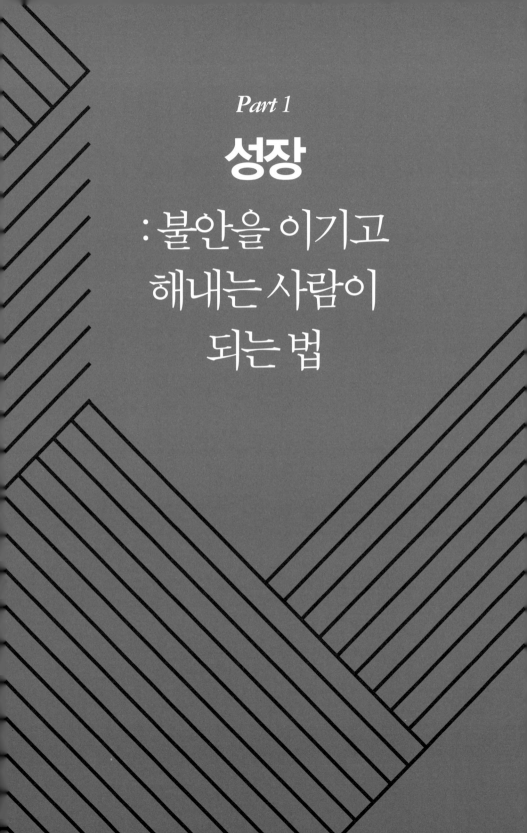

Part 1

성장

: 불안을 이기고 해내는 사람이 되는 법

'개인의 성장'이 '조직의 성장'보다 우선시되는 시대다. 요즘은 회사가 아무리 좋은 성과를 올려도 이를 나의 성취와 동일시하지 않는다. 일견 개인의 가치가 부상하는 긍정적 현상으로 보이기도 하지만, 뒤집어 생각해 보면 '계속해서 성장하지 않는다면, 당신은 도태될 것'이라는 각성의 메시지를 담고 있기도 하다.

현대사회에서 사람들이 느끼는 불안감의 수준은 그 어느 때보다도 높다. 어렵게 회사에 입사하고서도 새로운 곳으로 이직해야 하는 것은 아닌지 고민이 이어진다. 현재 회사 내에서 입지가 탄탄하더라도 언제 불어닥칠지 모를 정리해고의 두려움으로 늘 불안하다. 성장과 실패를 개인에게 책임 지우는 사회에서, 이러한 불안은 어쩌면 당연한 것인지도 모른다. 한 치 앞도 예상할 수 없이 급변하는 시대, 불안을 잠재우고 위기를 기회로 만드는 성장 역량을 키워야 할 때다.

당신이 불안한 이유

— 요즘 MZ세대(MZ Generation, 1980년대 초반~2000년대 초반에 태어난 밀레니얼 세대와 1990년대 중반~2000년대 초반에 태어난 Z세대를 통칭하는 말)의 심리적 특징 중 하나는 불안감이 높다는 겁니다. 자신의 미래에 대한 불안함에서 오는 스트레스가 큰 거죠. 회장님은 젊은 시절에 이런 불안함을 어떻게 관리하셨나요?

불안함은 자신이 지닌 전문성과 연관 지어 생각해 볼 필요가 있어요. 나는 서른다섯 살에 창업했는데 그때 가진 돈은 없었지만 불안하지 않았어요. 영업이라는 전문성이 있었기 때문이에요. '내가 어디를 가든 영업만큼은 자신 있으니 내 처자식을 먹여 살릴 수 있다'라는 확신이 있었던 것 같아요. 내가 만약 그런 능력이 없었다면 늘 불안하고, 사업을 하면서도 힘들었을 거예요.

독보적인 전문 기술이 있으면 불안함이 덜해요. 직장에서도 "그 일은 그 사람이 제일 잘한다"라고 말할 수 있을 정도의 전문 분야가 있어야 합니다. 끊임없이 공부하고 다양한 경험을 통해 전문성을 쌓아야 살아남을 수 있습니다.

요즘 젊은이들이 느끼는 불안함은 기업과 사회도 일정 부분 책임이 있어요. 그들이 막연하게 불안해하지 않고, 최선을 다할 수 있는 여건을 만들어 충분한 기회를 줘야 하는데 그러지 못한 것이니까요. 수영이 서툰 사람에게 강을 건너가라고 하면 불안해서 못 가요. 하지만 "허리에 끈을 묶어줄 테니까 갈 수 있는 데까지 멀리 가봐라"라고 한다면 용기 있게 도전할 사람이 많아질 겁니다. 불안함이 줄어들도록 청년, 기업, 사회가 함께 해결해 가야 합니다.

— 불안함을 해소하는 방법을 전문성에서 찾은 회장님의 견해가 새로우면서도 공감이 갑니다. 불안함이 증가하는 원인으로는 실패를 허락하지 않는 사회적 분위기도 한몫하는 것 같아요. 한국은 실패에 관대하지 않으니까요. 한

번에 성공하는 경우가 얼마나 될까요? 수많은 실패 끝에 큰 성공이 오는 법인데, 우리 사회는 이를 기다려 주는 인내심이 부족한 것 같습니다.

기업이 가장 대표적이지 않을까 싶네요. 우리 사회를 돌아보면 실패했다가 다시 일어서는 기업이 아주 적어요. 기업가들이 무능해서 그럴까요? 그렇지 않아요. 실패했다는 이유로 사회가 그 경영자를 무능한 사람으로 만들어 버려요. 실패한 이유만 물고 늘어질 것이 아니라, 실패를 극복하고 다시 일어설 수 있도록 기회를 줘야 해요. 그것이 성숙한 사회이고, 우리 사회가 발전하는 길입니다.

— 현재 번듯한 직장에 다니더라도 조직에 이용만 당하다가 나이 들면 내쳐지지 않을지, 지금 하는 일이 과연 비전이 있을지에 대한 걱정도 많습니다. 이런 고민을 가진 젊은이들이 성취감을 느끼려면 어떤 자세로 일에 임해야 할까요?

내가 젊었을 때 부자들을 싫어했어요. 가난해서 너무 힘드니 잘 먹고 잘사는 사람들에게 반감이 들었어요. 사회에도 불만이 있었고, 비뚤어진 생각도 많이 했습니다.

그런데 세일즈를 하면서 달라졌어요. 부정적인 생각, 누군가를 미워하는 마음으로는 제품을 판매할 수 없었기 때문입니다. '저 고객은 분명 내 설명을 듣고 책을 사줄 거야!', '나는 잘 팔 수 있어'라고 생각해야만 고객을 찾아갈 용기가 생겼어요. 그렇게 긍정적으로 세상을 보기 시작하니 인생이 점차 행복해졌어요.

어떤 일이든 좋은 면을 보려고 노력했어요. 날씨가 맑으면 상쾌해서 좋고, 비가 오면 운치가 있어서 좋았어요. 그때부터 부자들을 보면 '아! 나도 열심히 일해서 저렇게 되고 싶다!'라고 꿈꾸게 됐어요. 무엇이든 할 수 있고, 내가 하면 된다고 생각했어요. 그러면서 인생이 진짜 달라지기 시작했습니다.

요즘은 세상이 너무 급변하니까 미래에 대한 젊은이들의 불안이 높을 만도 해요. 하지만 그런 생각에만 갇혀 있으면 발전하기 어려워요. 부정적인 환경이라도 긍정적으로 보려는 노력이 필요합니다. 물론 쉽지 않아요. 힘든 사람에게 "긍정적으로 생각해!", 한창 고민하는 사람에게 "얼굴 좀 펴!"라고 한다고 바로 바뀌지 않거든요. 자전거가 넘어지려고 할 때 오히려 넘어지는 쪽으로 핸들을 돌려야 안 넘어져요. 괴로울 때는 슬픈 노래를 들어야 마음이 풀려요. 불안한 감정을 무조건 없애야 한다고 생각하기보다 받아들이는 자세가 필요해요. 그러고 나서 나를 불안하게 하는 요소를 하나씩 파악하고 제거해 나가야겠지요.

혼자 갖은 애를 써도 정 힘들 때는 인생, 업무에 도움을 줄 수 있는 멘토를 찾아가라고 권하고 싶어요. 나와 비슷한 상황을 먼저 겪어낸 좋은 선배와 지속적으로 대화하면 지혜를 얻을 수 있고, 해결 방법도 보이거든요.

— 직장인들 사이에서는 회사 생활 3년, 5년, 10년 단위로 슬럼프가 찾아와서 회의가 들고 의욕이 떨어진다는 말이 있습니다. 근심과 무력감에 빠지는 슬럼프는 어떻게 극복하는 것이 좋을까요?

나는 그런 고민 자체는 좋다고 생각합니다. 스스로 성장하는 기회가 될 수도 있으니까요. 자신의 기(氣)를 빼앗는 고민은 위험합니다. 고민하더라도 생산적으로 해야지요. '나는 왜 저 사람보다 가난할까?', '나는 왜 예쁘지 않을까?', '다른 부모님은 자식에게 돈을 많이 준다는데, 우리 부모님은 왜 이 정도밖에 안 될까?' 이런 고민은 기를 빼앗아요. 해결이 나지 않을 문제를 안고 있으면 앞으로 나아갈 수 없어요. 스스로를 비참하게 만들 뿐입니다.

나는 사업을 하다가 실패해서 어려울 때도 이미 잃어버린 것 때문에 괴로워하지 않았어요. '그래도 남들에 비하면 지금 나는 얼마나 많이 가졌는가? 나는 아직 건강하고, 유능한 직원들도 있잖아!' 이렇게 생각하면 별거 아닌 일이 됩니다.

대신 꿈이나 목표는 나보다 높은 사람하고 비교합니다. 나보다 꿈이 큰 사람, 나보다 실력이 좋은 사람, 나보다 인격이 훌륭한 사람을 보면서 "나도 노력해서 저렇게 돼야겠구나!"라며 목표로 삼는 것이 좋은 고민이지요. 스스로 돌아보세요. '지금 하고 있는 고민이 내 기를 빼앗고 있지는 않은가? 영원히 해결할 수 없는 문제를 안고 끙끙 앓고 있지는 않은가?' 도움되지 않는 고민을 가슴에 품고 있지 말고 꿈과 미래를 향한 발전적인 고민을 해야 합니다.

— 높은 경쟁률을 뚫고 어렵게 직장에 들어왔는데 얼마 지나지 않아 퇴사를 결심하는 직원들이 있습니다. 취업난에도 불구하고, 최근 들어 신입 직원들의 조기 퇴사율이 높다는 뉴스도 있었는데요. 퇴사를 고민하는 이들에게 조언을 부탁드립니다.

퇴사하려는 이유에 따라 다를 것 같아요. 지금 하는 일이 재미가 없다면 그건 사내에서도 해결할 방법이 있어요. 상사나 인사 팀과 의논해서 업무를 바꿔달라고 요청해 보세요. 회사도 그 사람의 적성과 흥미에 맞는 일을 줘야 할 의무가 있으니까 해결 방법을 찾을 수 있어요.

새로운 도전을 하고 싶어서 퇴사하겠다면 말리지 않겠습니다. 회사를 5년, 10년 다니다가 가능성 있는 기회를 엿보고 창업을 하겠다면 그건 격려할 일이에요. 사회적으로도 의미 있는 일이니까요.

반면에 상사와의 갈등 때문에 퇴사를 생각한다면 다시 고려해 보세요. 그 상사가 영원히 내 위에 있을 것 같지만 그렇지 않아요. 조직은 끊임없이 변하기 때문에 언젠가는 그 상사와 헤어져요. 그리고 다른 곳에 가도 또 다른 인간관계의 갈등이 있기 마련입니다. 사람 때문에 직장을 떠난다면 자신에게 손해예요. 상사와의 갈등을 견디는 연습을 해야 자기 자신도 발전할 수 있습니다.

스스로가 작고 초라하게 느껴질 때

— 회사에 입사한 지 얼마 되지 않은 신입 사원들은 일 처리가 미숙할 때마다 팀에 피해를 주는 것 같아 자괴감이 든다고 합니다. 이런 분들에게 조언을 해주신다면요.

그런 사람은 앞으로 발전할 가능성이 크다고 생각해요. 본인의 부족한 점을 알고 있으니 오히려 문제를 쉽게 해결할 수 있어요. 더 노력해야겠다는 생각으로 고민도 하지 않겠어요?

"

불안한 감정을
받아들이는 자세가 필요해요.
그러고 나서 불안의 요소를 하나씩
제거해 나가야겠지요.

"

"

스스로 돌아보세요.
지금 하고 있는 고민이
내 기를 빼앗고 있지는 않은가?
영원히 해결할 수 없는 문제를 안고
끙끙 앓고 있지는 않은가?

"

그런 팀원을 둔 팀장이라면, 팀원이 잘하는 일에 칭찬을 많이 해주면서 일에 더 집중할 수 있는 환경을 만들어 줘야 합니다. 그러면 실수가 줄어들고, 자신감이 생기거든요.

본인은 자신이 잘하는 것이 무엇인지 생각해 보고 그 일에 대한 전문성을 키워야 합니다. 일을 진행할 때도 '이번에는 실수 없이 우수한 성과를 내자'라고 다짐하면서 몰입해야겠지요. 그리고 맡은 일을 처음부터 끝까지 혼자 해결하려고 하지 말고 선배나 팀장에게 중간 과정을 수시로 보고하면서 진행 방향을 확인하세요. 실수를 줄이는 데 도움이 될 거예요.

실수를 한다는 건 장점이지 단점이 아니에요. 그만큼 새로운 일을 많이 시도하고 있다는 뜻이니까 창의적이라고 할 수 있지요. 남들이 하지 않은 일을 하다 보면 실수할 수밖에 없어요. 새로운 시도를 많이 해보고 시행착오를 겪어야 실수하는 횟수도 점차 줄어요. 중요한 건 실수했을 때 숨기지 말고 솔직하게 말하는 거예요. 그러면 동료들도 '저 사람 참 솔직하다'라고 생각하고 인간적으로 가깝게 느껴요. 진실되지 않은 행동이 쌓이면 신뢰가 떨어지고 결국 팀원들과도 멀어집니다.

— 사회 초년생일수록 고객에게 한 제안이 거절당하거나 동료들이 냉담한 반응을 보이면 상심하고 위축되기도 합니다. 어떻게 마음을 다스리며 일해야 할까요?

업무와 관련된 사람들의 반응을 민감하게 받아들인다는 것인데, 입사 1년 차에 자신의 잘못된 태도를 바꾸지 못하면 그 태도가 평생 굳어질 수 있어요. 필요 이상으로 과하게 받아들이지 마세요. 이미 습관처럼 굳어졌다면 바꾸기가 쉽지 않겠지만 3개월 내지 6개월만 노력하면 변할 수 있어요.

내 뒷담화를 하는 사람이 있다면 '그가 아직 수양이 부족하구나. 내가 저런 사람도 고쳐줘야 훌륭한 리더로 성장할 수 있겠구나'라고 생각해야 돼요. 내 마음의 크기와 포용력을 더 키우자고 마음먹으면 상황이 달라질 수 있을 겁니다.

— 일을 하면서 자신감 있는 사람들을 보면 무척 든든합니다. 하지만 자신감이 지나쳐 자만심으로 느껴지는 사람들도 있어요. 스스로의 능력을 과신하다 보면 어느새 자만심을 갖게 되는 것 같습니다. 자신감과 자만심을 구별하기도 쉽지 않습니다. 자신감이 자만심으로 흐르지 않게 하려면 어떻게 해야 할까요?

자신감과 자만심은 양날의 칼이에요. 칼날의 오른쪽은 자신감이지만 왼쪽은 자만심입니다. 자신감과 자만심의 구별은 다른 사람이 해줄 수 있습니다. "저 사람은 뭐든 할 수 있다는 자신감이 있어서 좋아", "저 사람은 자기가 다 안다는 자만심으로 가득차서 일을 그르칠 것 같아" 이렇게 상대방의 관점에서 판단되는 거예요.

자신감은 올바른 방향으로 가고 있는 상황에서 '할 수 있다'고 생각하는 마음이에요. 금을 캐려면 금이 나오는 산에 가서 땅을 파야 합니다. 금이 있지도 않은 산에 가서 땅을 파는 것은 무모한 자만이에요. 즉 잘못된 방향이 분명한데 혼자 확신에 차서 자산을 쏟는 것은 자만입니다. 그러게 되면 독선적으로 일하게 되니 결과를 그르치고, 주변 사람들마저 떠납니다. 돌이킬 수 없는 실패의 수렁에 빠져들지요.

— 자신감을 지키되, 자만심에 빠지지 않으려면 주변 사람들의 도움을 받을 필요가 있겠군요.

그게 가장 좋지만 주변에서 그런 이야기를 잘 해주지 않습니다. 지적하는 이야기가 듣기 좋지는 않으니까요. 그래서 곁에 좋은 상사, 바른말을 해주는 멘토가 있어야 합니다. 좋은 멘토라면 "내가 뒷받침을 해줄 테니 그 방향으로 자신감 있게 해봐!"라고 이야기해 줄 수도 있고, "그 방향이 아닌데 계속 고집하는 것은 자만이다"라고 주의를 주기도 하지요.

— 팀원들 앞에서 아이디어를 제시하거나 업무 진행 상황

을 공유하는 등 발표할 일이 많은데요, 의외로 발표 자체를 두려워하는 사람들이 많습니다. 발표를 잘하지 못해서 고민인 이들에게 줄 수 있는 조언이 있을까요?

나도 어렸을 때는 수줍음을 많이 타서 발표를 잘하지 못했어요. 그래서 웅변을 배웠던 기억이 납니다. 당시에는 외운 내용을 남들 앞에서 큰 소리로 말하는 연습을 했어요. 횟수가 늘어나면서 자신감이 생겼습니다. 발표할 수 있는 기회를 자꾸 만들어 주면 못하는 사람도 실력이 늘어요.

중요한 건 발표를 듣는 사람들이 발표자에게 심한 지적을 하지 않는 겁니다. 학창 시절 음악 선생이 내 노래를 듣고 음정과 박자가 맞지 않는다며 면박을 준 적이 있어요. 그때부터 자신감이 떨어져서 성인이 돼서도 노래하는 자리에는 가지 않았지요. 그런데 사업을 하면서 노래를 가르쳐 주는 선생을 만났는데 내 목소리가 좋다고 칭찬하면서 소질이 있다는 겁니다. 이후로는 노래하는 자리를 피하지 않았어요. 노래나 발표에는 자신감이 가장 중요해요. 웅변을 할 때는 눈앞에 있는 청중을 다 어린아이들이라고 상상해 보라는 이야기도 있지요. 특별히 잘하는 방법이 있는 게 아니라 자꾸 시도해 보고 주변 사람들의 칭찬을 듣는 게 도움이 됩니다.

— 직장인들이라면 흔히 '번아웃 증후군(Burnout Syndrome)'을 겪기도 합니다. 격무에 시달리던 사람이 극도의 피로를 느끼고 아무것도 할 수 없을 만큼 무기력증에 빠지는 것인데요. 번아웃이 올 때는 어떻게 대처해야 할까요?

먼저 원인을 찾아야 합니다. 번아웃도 정신적인 스트레스로 인한 것이니 병의 원인을 찾듯이 왜 그런지 이유를 파악해야겠지요.

직장에서는 잘할 수 있는 일을 해야 즐거워요. 자신이 가장 좋아하는 업무가 무엇인지 생각해 보고 그 일을 할 수 있도록 보직을 이동하려고 노력해야 합니다. 요즘은 기업에서도 일방적으로 업무를 할당하기보다 각 직원들의 재능을 파악해서 잘하는 업무를 맡기려고 합니다.

현재 직장에서 좋아하는 일을 찾을 수 없다면 이직을 해서라도 좋아하는 일을 하는 게 도움이 됩니다. 그리고 친구들과 함께 즐길 수 있는 활동이 무엇이 있는지 생각해 보세요. 스포츠를 배우거나 새로운 활동을 하면서 사람들 사이에서 즐거움을 찾아야 합니다. 그러지 못하면 외로워서 병이 생기기도 해요. 요즘 젊은 세대는 혼자 밥을 먹고 여행도 혼자 가는 걸 좋아하는데 어쩌다 한 번 정도는 그런 경험도 필요하지만 늘 혼자 다닌다면 외로울 수밖에 없어요. 함께할 친구가 필요해요.

— 일을 하면서도 이 일이 내게 맞는 건가 고민이 되고, 다른 사람들이 하는 일이 더 좋아 보이기도 합니다. 어떻게 하면 내가 하는 일에 애착을 가지고 성과를 낼 수 있을까요?

나는 우리 그룹 임원과 인사 팀에도 직원들이 각자 좋아하는 일을 시키라고 당부합니다. 좋아하는 일을 할 때 능률이 아주 높아지기 때문입니다. 난 바둑을 무척 좋아해서 일주일에 세 번 바둑을 두고 자다가 새벽 2~3시에 일어나도 바둑 프로그램을 봅니다. 차 안에서도 핸드폰으로 바둑 게임을 하거나 바둑 관련 영상을 봅니다. 내가 미쳐 있기 때문에 그런 거거든요. 그래서 좋아하는 일을 하면 능률이 더 난다는 겁니다. 새벽에도, 밤에도 그 일만 생각하게 되니까요.

지금 이 일이 정말 내게 맞지 않는다면 윗사람과 상의를 해서 직무를 바꿔야 합니다. 그리고 자기가 잘하는 분야를 스스로 만들어야 해요. 면접을 볼 때 잘하는 게 뭔지 물어보면 "잘하는 건 없고요. 남들이 하는 정도는 조금씩 해요"라고 말하는 사람이 제일 무능한 겁니다. 내가 누굴 설득하려면 다른 건 잘하지 못해도 이거 하나만큼은 자신 있다는 분야가 있어야 해요. 내가 원하는 걸 얻으려면 잘하는 걸 부각하는 게 아주 중요합니다.

— 회사에서 원하는 인재가 되려면, 혹은 입사 후 성과를 내기 위해 어떤 공부나 준비가 필요할까요?

앞서 말한 것 처럼 이것저것 조금씩 잘하는 것보다는 확실한 특기가 있는 사람이 인재로 성장할 수 있어요. 4차산업혁명 시대에는 사람이 하던 모든 일을 인공지능이 탑재된 로봇이 대체한다고 하지만, 그럴 수 없는 분야도 있어요. 그 분야를 찾아 전문성을 키워야 해요.

새로운 정보나 트렌드에 맞춰 자기를 적절히 변화시킬 수 있는 사람이 인재입니다. 소설 『갈매기의 꿈』을 보면 갈매기가 멀리 날기 위해 여러 가지 방법을 배워요. 기업에서도 끊임없이 노력하고 스스로를 연마하는 사람이 인재예요. 새로운 일이 주어지면 '많이 배울 수 있으니 감사하자'라며 도전하는 사람, 그리고 성과를 내는 사람이 인재입니다.

— 많은 직장인들이 자기계발의 필요성을 느끼면서도 막상 일을 하면서 자기계발을 병행하기란 쉽지 않은 것 같습니다. 어떻게 자기계발을 해야 할까요?

자기계발은 평생의 과제입니다. 학교에서 배운 과거의 지식으로는 미래를 살아갈 수 없는 시대입니다. 수학 시험에서 몇 점 맞고, 영어 단어를 몇 개 더 아는 것이 경쟁력이 아닙니다. 4차산업혁명 시대에는 양질의 정보가 풍부한 사람, 이질적인 정보를 융합할 수 있는 사람이 인재입니다. 자기계발도 이런 시대적 흐름에 맞춰야 하는데, 그러려면 다음의 자세들을 견지해야 합니다.

첫째, 항상 배우는 사람이 돼야 합니다. "나는 학교 다닐 때 전교 1등만 했어", "나는 우리나라에서 최고의 대학을 나왔어" 이런 말이 앞으로는 무색해질 거예요. 공부를 잘했다고 인재는 아니거든요. 교과서에 나오는 지식은 인터넷에서 검색 한 번으로 찾아낼 수 있습니다. 과거에 외웠던 지식은 살면서 10~20퍼센트 정도나 쓰일까요? 앞으로는 새 시대에 맞는 지식을 익히고, 정보를 찾기 위해 노력해야 합니다. 어디에 가면 최고의 인공지능기술이 있다, 어느 회사가 패키지 디자인을 가장 잘한다와 같이 중요한 정보를 가려내고 획득할 수 있어야 합니다.

둘째, 살아 있는 사람이 돼야 합니다. 숨을 쉰다고 다 살아 있는 것은 아닙니다. 의욕이 없고, 자신감이 없고, 실천하지 않는 사람은 죽어 있는 것과 같습니다. 꿈과 희망이 있고 행동,

표정, 언어가 살아 있어야 진짜 살아 있는 사람이지요. 이야기를 나누면 생기가 있고 마음이 밝아져서 또 만나고 싶은 사람이 되려는 노력이 진정한 자기계발입니다.

셋째, 목표가 있어야 합니다. 목표를 정하고 부단히 노력하는 과정에서 자기계발이 이뤄집니다. 뚜렷한 목표가 있는 사람은 실패하더라도 좌절하거나 실망하지 않아요. 다시 일어서서 목표를 향해 나아가야 하니까요. 목표는 구체적일수록 좋습니다. 원가를 반으로 줄이는 기술을 개발하겠다거나, 영업실적을 두 배로 높이겠다는 확실한 목표가 있는 사람이 성장합니다.

넷째, 자신을 과소평가하지 말아야 합니다. '나는 못할 거야', '나는 능력이 부족해' 이런 생각으로는 자기계발이 불가능해요. 때로 실패해도 '나는 해낼 수 있다'라는 자신감을 가지세요. 스스로를 과소평가하는 사람은 크게 성장할 수 없습니다.

창의성, 변화를 이끄는 강력한 무기

— 기업에서는 직원들에게 창의력을 강조합니다. 창의력은 아이디어를 뜻하는 걸까요? 회장님이 생각하시는 창의력은 무엇일지 궁금합니다.

아이디어가 곧 창의력은 아니에요. 순간적인 아이디어와 창의력은 깊이가 다릅니다. 아이디어는 특별한 정보나 연구가 없어도 생길 수 있어요. '저 의자를 여기에 옮겨 놓으면 편리하겠다'처럼 문득 '이렇게 하면 좋겠다'라고 떠오르는 생각은 단순한 아이디어에요.

창의력은 관련 정보를 접하고 깊게 연구하면서 남다른 발상을 하는 거예요. 물컵 하나를 보더라도 다른 여러 종류의 컵을 함께 찾아보면서 '여기에 이런 손잡이를 더하면 예쁘지 않을까? 편리하지 않을까?'라고 생각하는 것입니다.

— 창의적인 생각은 왜 필요합니까? 창의력은 우리 인생
  에 어떤 도움을 줄까요?

지금의 세상이 존재할 수 있는 건 인간의 창의력 덕분이에요. 무궁무진한 창의력으로 더 좋은 물건을 개발했고 그로 인해 편리함을 누릴 수 있게 됐지요. 인간에게 창의력이 없었다면 우리는 지금의 편리를 누리지 못했을 거예요. 앞으로는 창의력이 더욱 중요해집니다. 경쟁력 있는 사람이 되려면 창의력은 필수입니다. 옛날에야 시험 잘 보고 암기력 좋은 사람이 경쟁력 있었지만 이제 그런 것으로는 경쟁력이 없어요. 분야를 막론하고 창의력이 경쟁력의 기준이 되고 있습니다.

기업과 조직의 과제인 혁신도 결국 창의성을 얼마나 구현하는가의 문제잖아요. 생각하고 또 생각하는 습관, 새로운 정보를 적극적으로 받아들이는 자세, 빠르게 변하는 세상의 속도에 맞추려는 노력이 있어야 창의성을 갖출 수 있습니다.

— 지식과 정보가 많아도 한자리에 머물러 있으면 도태된다는 말씀이시군요. 어쩌면 창의력은 이제 '변화', '발전'이라는 말과 동의어라는 생각이 듭니다.

지금 알고 있고, 가지고 있는 지식은 벌써 구식이에요. 반복하기만 하면 과거에 머무를 수밖에 없어요. 창의력을 발휘하려면 계속 공부해야 해요. 다른 회사는 어떻게 하고 있는지 벤치마킹하는 것이 중요합니다. 내가 출판업을 한 이래로, 우리나라에서 어린이책을 제일 많이 봤다고 장담할 수 있어요. 1년에 열 번씩 외국으로 일주일간 출장을 가면 일주일 내내 어린이책만 봤어요. 선진국의 우수한 어린이책을 섭렵한 거지요. 그렇게 많이 보면 자연스럽게 안목이 생깁니다. 그래서 웅진출판의 첫 아동 전집 『어린이 마을』에 들어간 삽화를 전부 내가 결정했어요. 전문적으로 그림 공부를 한 사람도 아닌데 우리나라에서 제일가는 전문가들이 그려온 걸 보고 내가 이건 된다, 안 된다 하고 즉각적으로 판단할 수 있었어요. 창의력은 이처럼 끊임없이 배우고 생각하는 힘을 길러야 발달합니다.

　— 대부분의 사람들은 스스로 창의력이 없다고 생각해요. 창의력을 높이는 방법이 있습니까?

　머리가 좋다고 창의력이 뛰어나지는 않습니다. 약간 도움이 될 수는 있지만 절대적이지 않아요. 그보다는 습관에 의해 발전해요. 무엇을 보더라도 '왜 이럴까? 이렇게 바꿔보면 어떨까?'라고 호기심을 품는 거지요. 경쟁사 제품을 보면서도 '어떻게 저렇게 만들었을까? 다른 더 좋은 방법은 없을까?'라고 생각하는 것이 창의력을 높이는 첫걸음입니다. 호기심이 없는 사람은 신기한 물건을 봐도 시큰둥하고, 강의를 들어도 무관심해요. 그런 이들에게는 새로운 생각이 떠오르지 않습니다.

　대충 봐서는 창의력이 생기지 않아요. 이런 습관은 한두 번만에 만들어지지도 않고요. 오랜 시간 연습과 노력으로 만들어 가야 합니다. 일하면서 더 좋은 방법이 없을까를 탐구하면서 자기 아이디어를 보태는 것이 창의력이에요. 반복해서 생각하는 습관과 호기심을 갖고 새로운 지식과 정보를 결합해 가는 과정에서 창의력이 빛을 발합니다.

　— 회장님은 40년 넘게 경영하시면서 창의력으로 문제를

돌파한 경우가 무수히 많지요? 그중 가장 대표적인 것 한 두 가지만 말씀해 주세요.

『웅진위인전기』를 만들 때 다른 회사가 발행한 책들을 읽어 봤어요. 당시 우리나라 출판사는 거의 대부분 위인전기를 판매하고 있었는데 읽어보니 무척 비교육적이라는 생각이 들었어요. 위인전기를 읽으면 아이들이 '나도 저런 사람이 돼야겠다'라고 생각해야 하는데, '나는 안 된다'라고 포기하게 만들고 있었습니다.

왜 그러느냐고요? 그 위인전기에 따르면 위인은 타고나는 거예요. 태몽이 특별하고, 어릴 때부터 기골이 장대하고, 골목대장을 하고, 하나를 가르치면 열을 안다는 식으로 기술돼 있었어요. 그 책을 읽은 아이는 위인이 되기를 포기합니다. '우리 엄마는 나를 가졌을 때 그런 꿈도 꾸지 않았고, 나는 하나를 가르쳐 주면 열을 아는 천재도 아니니까 위인이 되기는 틀렸다'라고 생각해요.

위인은 수많은 어려움을 딛고 일어선 사람이고 위인전기는 그걸 보여줄 수 있어야 해요. 아주 형편없는 아이였는데 중학교 때 노력해서 달라졌다, 스무 살 때 변해서 나중에 큰 인물이 됐다는 '과정'에 초점을 맞춰야 아이가 희망을 가져요. '아, 나도 노력하면 훌륭한 사람이 될 수 있겠구나'라며 꿈을 키워요.

베토벤이 귀가 안 들리는 역경을 딛고 작곡했고, 헬렌 켈러는 보고 듣고 말하지 못하는 장애가 있었지만 좋은 선생님을 만난 덕분에 공부를 시작해서 나중에 사회사업가, 작가가 될 수 있었잖아요.

『웅진위인전기』를 만들면서 완전히 다르게 접근했어요. 기록에 없는데 작가가 상상해서 쓴 부분을 전부 뺐어요. 타고난 위인이 아니라 위인이 되기까지 얼마나 노력했는지에 중점을 뒀어요. 장군이나 열사보다는 전문성을 지닌 사람들을 위주로 위인전기를 구성했어요. 이렇게 해서 한국출판문화상을 받았고, 지금까지 1,800만 권 넘게 판매했어요. 우리나라 대형 출판사마다 있는 위인전기였지만 웅진의 제품은 아주 특별했기 때문이에요. 똑같은 위인전기를 만들면서도 '다르게 만드는' 창의성이 빚은 결과입니다.

『헤임고교학습』도 창의성이 빛난 제품이에요. 1980년에 전두환 정권이 갑작스럽게 과외 금지 조치를 발표해요. 나는 그 소식을 퇴근길 차 안에서 라디오 뉴스로 들었어요. 집까지 가는 1시간 동안 생각하고 또 생각했어요. '앞으로 학생들은 어떻게 공부를 하지? 고등학생 자녀들은 부모가 가르치기 힘들 테고, 부모들은 당장 불안할 텐데……' 그러다가 '전국 유명 강사들의 강의를 녹음해서 카세트테이프로 만들면 어떨까?' 하는 아이디어가 떠올랐어요.

다음 날 회사에 나와서 문교부(지금의 교육부)로 직원을 보냈어요. 강의를 카세트테이프로 제작해서 판매하는 것이 조치에 어긋나는지 문의하려고요. 다른 직원에게는 전국 유명한 강사들의 명단을 과목별로 뽑아 오게 했지요. 문교부에 갔던 직원은 '녹음한 테이프의 판매는 조치에 어긋나지 않는다'라는 답을 가져왔어요. 다른 직원은 전국 유명 강사 100명의 명단을 가져왔고요. 그때부터 곧바로 제작에 들어가 웅진의 히트 상품 『헤임고교학습』이 세상에 나왔습니다.

과외를 금지한다는 정보는 우리나라 사람 모두 들었어요. 학원, 과외, 출판사에는 위기가 닥친 것이지요. 하지만 그 상황을 역이용해 획기적인 제품을 내놓은 것은 우리 회사뿐이에요. 위기 상황을 창의력으로 극복할 수 있었던 거지요.

—『헤임고교학습』에서부터 창의력에 바탕을 둔 제품을 개발하는 전통이 시작됐군요. 100명의 강사 명단 중에서 어떻게 가장 좋은 강사를 선별하셨나요?

고르기가 쉽지 않았어요. 수많은 정보들 중 가장 필요한 것을 선별하기 위해서도 역시 창의력이 필요해요. 우선 사투리를 쓰거나 목소리가 탁한 사람은 제한다는 선별 기준을 세웠어요. 학생들이 강의를 들으면서 집중할 수 있는 목소리여야 하니 표준어를 쓰는 강사, 목소리가 좋은 강사를 뽑은 것이지요. 아예 녹음기를 들고 가서 강사가 말하는 것을 녹음해서 들어보고 선택했어요. 그렇게 선별된 강사의 강의 내용을 녹음한 뒤에는 학생들에게 들려줘 난이도를 조절했어요. 학구열이 높은 지역의 명문고 학생들, 학업 수준이 다소 낮은 지역의 학생들 등 다양한 그룹의 학생들 반응을 확인하면서요.

교재도 당시로서는 아주 특별했어요. 그때는 공부를 많이 시키려고 교재를 아주 빽빽하게 편집했어요. 나는 책의 판형을 손으로 그려주면서 이 정도 크기로 만들되, 여백을 많이 두라고 했어요. 학생들이 메모나 낙서도 할 수 있는 노트처럼 사용하라고요. 교재 역시 학생들에게 큰 환영을 받았어요. 노트가 없어도 되니 편리했지요.

『헤임고교학습』은 강사를 선별하는 과정, 교재를 개발하는 방식, 난이도 조절까지 창의성이 가득한 제품이에요. 제품 개발의 전 과정이 창의적이었기 때문에 『헤임고교학습』이 크게 성공할 수 있었습니다.

실현 가능한 아이디어를 찾으려면

— 창의적인 아이디어일수록 현실성이 떨어진다는 평가

를 받기도 합니다. 창의성과 실현 가능성을 동시에 추구하려면 어떻게 해야 할까요?

창의적인 아이디어를 구별하는 눈이 있어야겠지요. 현실에 부딪쳤을 때 어려움을 극복할 수 있는 아이디어는 살아남지만, 그렇지 못한 아이디어는 사장돼 버립니다. 예전에 웅진씽크빅에서 장난감, 교재, 교구 렌털 사업을 한 적이 있어요. 전 세계에서 가장 좋은 제품을 가져와 월회비를 받고 빌려주는 아이디어가 좋았지요. 하지만 각자 크기가 다른 물건들을 한데 보관해서 택배로 보내고, 일정 기간이 지나면 다시 수거하는 물류 문제를 해결하지 못했어요. 좋은 아이디어만 있다고 성공하는 것이 아니라 현실의 장벽을 넘을 수 있는 실행 아이디어가 뒷받침돼야 합니다.

그럼 좋은 아이디어인지 아닌지를 어떻게 구별하느냐? 소비자 트렌드를 조사하듯 아이디어도 면밀한 검토가 필요합니다. 요즘은 소비자 기호나 트렌드가 너무 빨리 변하니까 그에 맞춰 아이디어를 변화시킬 수 있어야 합니다. 소비자 의견을 들을 때 사전에 설명을 하면서 원하는 답을 유도하기도 하는데 이렇게 나온 반응은 실제가 아니에요. 제품을 출시했을 때 실패하기 쉬워요. 소비자가 요구하는 현실과 동떨어져 있으니까요. 창의성과 현실성은 따로 갈 수 없어요. 공존할 수 있어야 진짜 쓸모 있는 아이디어입니다.

— 좋은 아이디어인지 아닌지를 가려내는 객관적인 평가가 필요하다는 말씀이군요. 창의적인 아이디어 역시 평가를 하고 데이터를 분석하면서 옥석을 가려야 한다는 뜻이지요?

그렇게 해도 실패할 가능성은 늘 있어요. 상대에게 은연중에 '예스'를 유도해서 부정적인 평가를 받을 수 없는 소비자 조사는 주의해야 합니다. 현실적이고 사업성이 있는지를 물을 때는 좀 더 열린 자세로 임해야 합니다.

모든 혁신은 뜬구름 잡는 아이디어에서 시작해요. 자칫 잘못하면 크게 실패할 위험도 있지만 허황돼 보이는 아이디어도 잘 다듬다 보면 다음, 그다음 단계로 갈수록 점점 현실화돼요. '필름 없이 사진을 찍는 카메라'가 처음에는 뜬구름 잡는 아이디어였을지도 몰라요. 필름 업계 선두주자였던 코닥은 최초로 디지털카메라를 개발했지만 상용화하지는 못했고 그 뒤 다른 업체들이 제품을 만들어 시장에서 성공을 거뒀어요. 곧 수소 자동차가 서울 시내를 달린다고 하지요? 나는 수소 자동차의 개념을 30년 전쯤 일본에서 들었어요. 그사이 수많은 연구자, 기업들은 포기했을 거예요. 앞으로 이 기술을 상용화한 자동차 회사는 크게 발전할 거예요. 뜬구름 잡는 아이디어는 절대적으로 필요해요. 다만 그것을 현실과 가장 빨리 접목하는 사람이 최후의 승자가 될 수 있지요.

— 그 어떤 과정보다 신제품을 기획할 때 아이디어가 절실하지만 찾기가 쉽지 않습니다. 제품 개발 시 창의력을 높이려면 어떻게 해야 할까요?

우선 기초 자료가 많아야 합니다. 『어린이 마을』을 만들 때 우리 회사 편집부에 어린이책을 만들어 본 사람이 없었어요. 편집장은 잡지를 오래 만들었지만 어린이책을 만든 경험은 없었습니다. 우수한 대학을 다녔던 편집자들도 책을 많이 읽었을 뿐 어린이책을 만들어 본 경험은 전혀 없었어요. 나 역시 백과사전 세일즈를 오래했지만 책 편집을 어떻게 하는지 몰랐어요. 브리태니커회사(Britannica Corporation) 한국 지사에 다니면서도 편집부에 가본 적이 별로 없어요. 그런 사람들끼리 모여 어린이책을 만들기로 한 거예요.

그때 처음 한 일이 해외에서 유명한 책을 구해서 함께 읽은 거예요. 서로 돌려가면서 읽고, 삽화를 보면서 장단점을 토론했어요. 프랑스에서 가장 좋은 책, 독일에서 가장 인기 있는 책을 보면서 우리가 만들어야 할 책의 아이디어를 얻었어요.

원래 외서를 번역해서 낼 계획이었다가 다른 나라 책을 읽으면서 '우리 민족의 문화, 풍습을 알려주는 책을 만들자'라는 아이디어를 얻었어요. 당시 외국 출판사에서는 코뿔소, 기린, 펭귄처럼 신기한 그들만의 것을 보여주니, 우리는 소, 말, 돼지, 쏨바귀, 벼 같은 '우리 것'을 펴내기로 한 것이지요. 1년 열두 달 자연, 풍습을 열두 권의 책으로 담아서 아이디어를 차별화, 구체화한 것이지요.

이렇게 웅진은 다른 나라 자료를 보면서 『어린이 마을』이라는 완전히 새로운 책을 만들었어요. 새로운 아이디어를 얻으려면 방대한 자료와 지식, 정보가 있어야 합니다. 그 안에서 필요한 자료를 선별하고, 아이디어를 더해 현실화하는 것이 '창의적인 제품'을 개발하는 비결입니다.

— 회장님은 평소에 새로운 정보나 신사업에 유용한 아이디어는 어디에서 얻으시나요?

외국의 박물관이나 미술관에 자주 갔어요. 뛰어난 회화, 조각을 보는 것이 즐겁기도 하지만 그로 인해 디자인 감각이 키워집니다. 보는 눈이 생긴다고 할까요. 그림을 보면 빨간색도 수백 가지가 있다는 것을 알게 됩니다. 어떤 화가는 색채 하나를 잘 써서 명작을 만들어 내기도 해요.

외국 출장을 가면 가장 좋은 호텔에 묵거나, 그러지 않을 때는 가장 좋은 호텔 라운지에 가서 커피를 한잔 마십니다. 그런 호텔이나 카페는 디자인이 다르거든요. 카펫은 무슨 색깔인지, 꽃은 어떤 꽃을 어떻게 꽂았는지를 살핍니다. 지난번에 터키 출장을 갔을 때는 이스탄불에서 가장 오래된 식당에 갔어요. 그 나라의 전통을 보고, 오늘날 주변과 어떻게 조화되고 있는지 보려고 일부러 찾아간 거예요. 경영자는 많이 보고, 많이 느껴야 새로운 생각도 할 수 있고, 창의력도 솟아납니다.

— 새로운 지식과 정보를 얻기 위한 노력을 끊임없이 하시는 거네요. 사실 요즘은 소비자 트렌드가 너무 빨리 변해서 기업도 개인도 새로운 정보를 얻지 못하면 금세 뒤처집니다.

그렇습니다. 20~30년간 학창 시절 공부했던 것 중에는 이제 소용없는 것들이 많습니다. 웬만한 지식은 포털사이트에서 검색하면 바로 얻을 수 있는데 그걸 외우는 게 무슨 의미가 있겠습니까? 그보다는 최신의 정보를 빠르게 받아들이고, 어떻게 활용할지 생각하는 힘이 중요하지요.

연세대학교 철학과 김형석 교수님이 말씀하셨어요. "백세시대의 인간은 끊임없이 뇌에 물을 줘야 한다"라고요. 콩나물시

루에 물을 정기적으로 주면 썩지 않고 콩나물이 자라요. 물을 끊으면 얼마 지나지 않아 썩어버려요. 사람도 75세까지는 끊임 없이 머리에 물을 줘야 한대요. 그러면 90세까지는 생각이 자랄 수 있다고 해요. 머리에 새로운 물 주기를 끊는 순간, 썩기 시작하면서 더 이상 생각이 자랄 수 없어져요.

고객의 마음을 사로잡는 비결

— 회장님은 영업을 오래하셨고, 영업에도 창의성이 필요하다고 말씀하십니다. 영업을 할 때 창의성은 어떻게 적용합니까?

똑같이 교육을 하고 영업 직원을 내보내도 어떤 사람은 잘 파는데, 어떤 직원은 하나도 팔지 못하고 돌아와요. 차이는 창의성입니다. 영업에서는 잠재고객을 어디에서 발굴하는지부터 창의성이 드러납니다. 나는 옛날에 신문에 난 승진, 인사 이동 소식을 유심히 봤어요. 이런 사람들은 기분이 좋아서 물건을 사줄 가능성이 무척 높거든요.

전화를 걸 때도 남들과는 조금 다르게 했어요. "제가 백과사전을 파는데 한 질만 사주세요" 하면 누가 나를 만나려고 하겠어요? 나는 "사장님께 무척 도움이 되는 정보를 가지고 찾아뵈려고 합니다"라고 말을 꺼냈어요. 고객 중에는 "당장 오늘 오후 2시에 오라"라고 하는 분도 있었는데 바로 가지 않았어요. 내가 어떤 사람인지 생각하며 기다리게 하려고요. 그래서 이렇게 말했어요. "오늘은 제가 선약이 있어서 어려운데 내일은 어떠신지요?" 사실 바쁘지 않았는데도 그렇게 말하면서 나의 가치를 높인 거예요.

말도 고급스럽게 하려고 노력했어요. '백과사전'이라는 말도 쓰지 않았어요. '지식의 보고'라는 표현을 자주 사용했어요. 당시 우리나라에는 교수들이나 영어를 좀 했지 영어를 아는 사람이 극소수였어요. 그렇게 보자면 영어로 된 백과사전을 살 만한 사람이 몇이나 있겠어요? 영어를 잘하지 못하는 고객에게도 '이 백과사전을 가진 사람은 아주 특별한 사람이고, 집에 자개농을 두는 것보다 자녀에게 훨씬 교육적'이라고 설명하면서 감성을 건드렸어요.

이런 것들이 모두 영업의 창의력이에요. 고객이 다르게 느끼고, 나를 만나보고 싶게 만들었으니까요. 물론 지금은 시대가 달라졌으니 방법도 바꿔야겠지요. 고객에게 새롭고, 신선한 느낌을 주고, 고객이 필요로 하는 정보를 제공하는 것이 영업에서 발휘해야 하는 창의력의 핵심입니다.

— 기업에서는 기술 개발, 광고와 홍보 등 모든 것이 중요하지만 그중에서도 영업을 '기업의 꽃'이라고 합니다. 영업은 왜 중요할까요?

중소기업을 경영하든 동네에서 작은 식당을 운영하든 영업은 필수입니다. 영업 없이는 사업을 지속할 수 없으니까요. 기업을 잘 운영하려면 경영자는 영업인을 우대하는 기업문화를 만들어야 합니다. 최고 책임자가 영업을 중요하게 여기고, 영업인을 귀하게 대하는 자세가 필요합니다. 영업 부서가 아닌 직원에게도 영업 교육을 해서 영업을 이해하게 해야 합니다. 영업 없이는 매출도, 복지도 없다는 것을 모든 직원이 공감해 전사적으로 영업을 지원하는 시스템을 구축해야 합니다.

— 기업 컨설팅을 하다 보면 상품기획 팀, 마케팅 팀, 영업 팀의 의견이 엇갈릴 때가 있습니다. 상품기획 팀에서는 "오랜 연구 끝에 출시한 제품이다. 제품에는 문제가 없다" 하고, 영업 팀에서는 "현장에서 고객을 만나봤느냐? 고객들은 제품에 불만이 있다"라며 팽팽하게 맞서는 경우 말입니다. 각 팀이 서로를 이해하면서 시너지를 낼 수 있는 방법은 무엇일까요?

예나 지금이나 상품기획 팀, 마케팅 팀은 영업 팀과 자주 부딪칩니다. 상품기획 팀, 마케팅 팀에서는 '영업이 문제'라고 하고, 영업 팀은 '제품이 문제'라고 하잖아요. 이건 '닭이 먼저냐, 달걀이 먼저냐'처럼 끝없는 논쟁인 것 같아요.

영업을 잘하면 매출이 높아지고, 그 돈을 제품 개발에 투자해 더 좋은 제품을 만드는 선순환 구조를 이루지요. 반면 아무리 제품이 좋아도 영업력이 없으면 무용지물이 돼버리고요. 그래서 영업을 중심에 놓고 다른 기업 활동을 맞춰가는 것이 효과적이라고 봅니다.

— 영업을 잘할 수 있는 비결은 무엇일까요? 몇몇 영업인의 뛰어난 역량이나 자신감만으로는 전반적인 영업 능력을 높이는 데에 한계가 있지 않을까요?

한두 가지 요소로만 설명하긴 어려워요. 영업을 잘하려면 기본적으로 제품의 스토리텔링이 좋아야 해요. 판매자가 상품 설명을 잘하면 살 생각이 없었던 물건도 사게 되잖아요. 뉴스를 읽을 때 어떻게 읽습니까? 제목을 먼저 보고 기사 내용을 읽을지 말지 결정하잖아요. 요즘 인터넷에서 언론사들의 기사 제목이 점점 자극적으로 변하는 것도 이 때문이에요. 노래를 잘 부르는 사람들을 가만히 살펴보면 음성도, 박자도 좋지만 특히 가사 전달력이 뛰어나요. 청중들이 공감할 수 있도록 스토리를 잘 전하는 거예요.

내가 브리태니커회사에서 세일즈맨으로 성공하고, 뒤이어 매니저로도 성공할 수 있었던 비결도 스토리텔링이었어요. 아주 감동적이고 재미있게 스토리텔링을 구사했거든요. 매니저로 일할 때는 이 스토리텔링을 세일즈맨들에게 외우게 했어요. 효과적으로 말하는 방법도 연습시켰고요. 웅진씽크빅 초기에도 수많은 스토리텔링을 직접 만들어서 교육했어요. 좋은 스토리텔링은 고객이 그 제품을 사지 않고는 못 견디게 해요.

스토리텔링은 상품 개발자가 만들기도 하고, 전문 작가에게 의뢰하기도 해요. 내 경험으로는 제품도 알고, 고객도 아는 경영자나 영업인이 직접 만드는 것이 가장 효과적입니다.

— 회장님의 말씀 중에 중요한 시사점이 있는 것 같습니다. 이전까지 대부분의 기업이 기업의 관점에서 영업을 했다면, 회장님은 고객의 관점에서 영업하신 거네요. 고객이 필요하다고 느끼게 만드는 영업 기술 말입니다. 스토리텔링을 영업 담당자가 개발하는 것이 바로 그 출발점이 아닐까요?

스토리텔링도 고객 특성별로 각기 다른 버전을 준비해야 합니다. 남성 고객, 여성 고객, 자녀가 있는 고객에 따라 내용이 달라요. 예를 들어 공기청정기를 한창 공부하는 중고등학생 자녀가 있는 고객에게 판매한다면 "공기청정과 가습으로 학습효과를 높일 수 있습니다. 신선한 산소와 적절한 습도가 뇌를 건강하게 만들어 학생이 훨씬 피로를 덜 느낍니다"라고 설명하는 거예요. 공기청정기와 학습을 연결하면 부모는 관심을 가질 수밖에 없잖아요.

내가 교장선생님을 대상으로 교육을 진행할 때도 마찬가지였어요. 40대 시절의 일인데 처음에 교장선생님들은 젊은 사람이 강의를 하니까 안 들으려고 해요. 딱 뒷짐 지고 있어요. 그래서 "교장선생님들이 교육을 거꾸로 시키고 있어요"라고 한마디 했어요. 그 말을 던지니까 귀가 쫑긋하지요. 이게 무슨 소리인가 하고 듣기 시작해요. "학교에서 커닝하지 말라고 합니다. 그런데 기업에 들어오면 직원들에게 가장 먼저 시키는 게 커닝입니다. 벤치마킹이 다 커닝이에요. 남이 한 걸 토대로 내가 더 잘 해내는 능력도 필요합니다"라고 말했어요. 교장선생님들이 이 이야기는 새롭게 느껴지니까 관심을 기울였던 거예요. 이야기를 듣는 상대가 유치원생인지, 국회의원인지, 교수인지에 따라 다르게 말해야 해요. 그게 바로 사람을 설득하는 기술이자 영업의 기본이라고 할 수 있지요.

❝

이야기를 듣는 상대가 유치원생인지,
국회의원인지, 교수인지에 따라
다르게 말해야 해요.
그게 바로 사람을 설득하는 기술이자
영업의 기본이라고 할 수 있지요.

❞

— 영업에서는 한번 인연을 맺은 고객을 충성고객으로 이어가는 관리도 중요합니다. 고객관리를 잘하는 방법에는 무엇이 있을까요?

뉴스에 나오는 보험 판매왕, 자동차 판매왕들의 성공담을 읽어보면 그들은 도저히 물리적으로 불가능한 수치를 달성해요. 어느 자동차 판매왕이 한 해에 자동차 400~500대를 팔았다는데, 이게 과연 가능한 수치인가 싶잖아요. 하루에 1명 이상의 새로운 고객을 만나기도 쉽지 않은데, 매일 1대 이상의 자동차를 팔았다는 거니까요. 어떻게 이런 실적을 올릴 수 있었을까요?

그건 바로 고객이 세일즈맨이 돼주기 때문이에요. 사람이 어떤 사람을 좋아하면 도와주고 싶고, 원하는 것을 해주고 싶어져요. 고객이 영업인을 좋아해서 자발적으로 주변 사람들을 추천하는 거예요. "내 동생에게 가봐라, 내 친구가 차를 산다더라" 하면서 소개해요. 영업인이 모든 고객을 새로 개척할 수는 없어요. 그럴 시간도 부족하고요. 고객이 다른 고객을 끌고 오게 하는 게 판매왕들의 영업 비결이에요.

그렇게 하려면 어떻게 해야 할까요? 예전에 나는 고객에게 편지를 자주 썼어요. 천편일률적인 말이 아니라 그 고객만을 위한 맞춤 편지를 보냈어요. 요즘은 문자메시지나 메신저로 대신할 수 있겠지요. 누구에게나 똑같이 보내는 단체 문자로는 감동을 주기 어려워요. 감성적인 말이나 메일로 고객을 감동시켜야 해요. "차 잘 마셨습니다"라는 말보다 "제게 내주신 차 한 잔이 얼마나 따뜻하고 향기로웠는지 돌아오는 내내 생각했습니다"라고 한다면 고객은 그 영업인을 다시 한번 생각해 볼 거예요. "내가 준 차가 그렇게 맛있었나?" 하면서요. 다음에 그 영업인을 만나면 무척 반가워하고 호감을 가질 거예요. 이렇게 지속적으로 교류하면 고객은 "이 영업인과는 마음이 통하는구나, 믿을 수 있겠어"라면서 신뢰를 가져요. 그 고객만의 세일즈맨으로 변하는 순간입니다. 그때 영업인이 신제품 정보, 제품 활용 지식을 전해준다면 마음을 열고 받아들일 거예요.

— 고객과 단순히 물건을 팔고 사는 관계가 아니라, 신뢰를 주고받는 사이가 돼야겠네요. 그렇다면 영업에서 판촉물은 언제, 어떻게 활용하는 것이 적절할까요?

고객이 "저 영업인은 나와의 관계를 소중히 여긴다"라고 느끼게 해줘야 합니다. 선물을 할 때도 의례적인 판촉물을 주는 것보다는 고객에게 딱 맞는 선물을 줘야 효과적입니다. 꼭 비싼 선물일 필요는 없어요. 선물을 주면서도 간단한 설명을 더하면 좋습니다. "이 커피를 마시면서 너무 맛있어서 고객님께도 꼭 드리고 싶어 사왔습니다"라면 고객이 얼마나 고맙겠어요. 고객의 마음을 움직여 내 편으로 만드는 거예요. 고객이 100명이면 그들이 나를 위해 움직이도록 하는 게 '고객 관리'입니다. 내가 브리태니커회사에서 전 세계 세일즈맨 중에서 1등을 할 수 있었던 것도 나를 신뢰한 고객들이 친척, 친지 등 주변 사람들에게 소개해 준 덕분이었어요.

— 영업을 할 때 보조 수단도 참 중요합니다. 판촉물 활용도 적절해야 하고, 과학적인 데이터도 제시해야 고객을 설득할 수 있습니다. 이런 보조 수단을 잘 활용하는 노하우가 있을까요?

좋은 판매 보조 수단은 고객의 마음을 움직여요. 브로슈어가 흥미로우면 고객은 뒷장을 넘기지만, 그렇지 않으면 제대로 보지도 않고 쓰레기통으로 던져 버리잖아요. 브로슈어는 고객이 흥미를 갖게 만들어야 해요. 고객이 상품이 궁금해져서 콜센터로 연락한다면 성공한 것입니다. 이때 콜센터의 상담자 역할도 중요해요. 고객이 여성인지 남성인지, 그 제품에 대해 얼마나 알고 있는지를 파악하고 그에 맞는 질문을 해야 합니다. 한 카메라 회사에서는 고객이 매장을 방문하거나 상담을 요청하면 첫 질문을 이렇게 해요. "주로 어떤 사진을 찍습니까?" 생태, 인물, 풍경 등 고객의 관심과 용도에 맞춰 알맞은 카메라와 렌즈를 권해주는 것입니다.

상대방의 관심사를 중심으로 대화를 이끌 때 집중도가 높아져요. 여성에게 군대 이야기, 축구 이야기를 하면 무슨 재미가 있겠어요? 골프를 치지 않는 남성에게 골프 이야기만 늘어놓으면 어떻게 대화가 이어지겠어요? 셋이 앉아서 둘만 아는 대화를 해도 재미가 없어요.

비즈니스 능력은 타고나는 것인가

— 사실 영업의 고수들은 영업 노하우를 후배에게 잘 알려주지 않습니다. 자신들이 오랜 시간 몸으로 얻은 기술이니까요. 그래서 좋은 노하우가 전달되지 못하는 경우가 많습니다. 이런 문제를 극복할 방안이 있을까요?

많은 사람들이 영업은 매뉴얼로 공부하기보다는 몸으로 익히는 업무라고 생각합니다. 그러나 영업도 지식과 실습이 조화를 이뤘을 때 효과가 큽니다. 웅진에서는 롤플레잉(Role Playing, 역할 연기) 교육, 일명 RP 교육을 하고 있습니다. 매뉴얼과 실행이 합쳐진 교육 방식이지요. 이 교육 방식이 활성화되면서 영업 노하우가 활발하게 공유됐고 영업인의 능력이 상향평준화 됐어요.

　RP 교육은 고객과 직접 만나는 상황을 설정해 말하기, 듣기, 자세, 표정 등을 연습하는 거예요. RP 교육은 한 번 받고 끝나는 것이 아니라 더 어려운 고급 기술을 익힐 때까지 반복하고 업그레이드가 되도록 교육합니다. 코치가 일방적으로 지도하기보다는 영업인이 스스로의 단점을 깨닫고 개선하도록 유도하는 방식이고요. 이를 위해 내가 직접 「웅진 RP 교육 매뉴얼」을 만들기도 했어요. RP 훈련만 제대로 받아도 영업 기술이 상당히 향상될 겁니다. 웅진이 영업을 잘하는 회사로 알려진 것은 RP 훈련 덕분이라고 해도 과언이 아닙니다.

　— 영업을 할 때 고객을 마주하는 상황이나 사람의 성향이 매번 다른데 이를 극복하고 잘 설득하는 비결이 있을까요?

　우선 고객을 접할 때 내 컨디션을 최고로 끌어올리는 게 중요해요. 전화할 때 상대방 목소리만 들어도 기분을 알 수 있고, 목소리가 신나면 나도 덩달아 기분이 좋아지잖아요. 그래서 영업을 할 때 내게 에너지를 주는 요소가 무엇인지, 나를 신나게 만드는 요소는 무엇인지 파악하는 것이 가장 중요합니다.

— 고객과 세대 차이가 나는 경우는 어떻게 해결할 수 있을까요? 가령 40대인 영업인이 20~30대 고객을 대상으로 영업해야 할 때 생각이나 가치관 등이 달라서 곤란한 경우도 있을 것 같습니다.

실제로 이런 일이 많이 일어납니다. 세대 차이는 분명 존재하거든요. 저는 젊은 사람들과 대화를 많이 하는데 주로 토론을 합니다. 끊임없이 질문하고 답을 주고받아요. 그 과정에서 '젊은 세대들은 나와 생각이 전혀 다르구나, 내가 생각하는 것보다 쿨하구나' 하는 느낌을 받습니다. 고객이라고 해서 업무적인 이야기만 할 것이 아니라 계속해서 질문을 이어나가야 합니다. 그러면 어느새 나도 그 세대를 이해하고 함께 호흡할 수 있게 됩니다. 젊게 살 수 있는 계기가 되기도 해요. 혼자 생각하지 말고 실제로 대화하면서 생각의 차이를 좁히기 위해 노력해야 합니다. 나도 그렇게 노력하는 중이고요.

— 영업을 잘하려면 타고난 재능이 있어야 한다는 인식이 많은데, 회장님 말씀을 들으니 영업도 연습으로 잘할 수 있다는 자신감이 생깁니다. 하지만 많은 이들이 영업은 여전히 어려운 분야라는 생각에 도전하기를 두려워합니다. 영업에 자신 없어 하는 사람들에게는 어떻게 격려하시나요?

영업은 제품 특성, 대상 고객에 따라 여러 분야로 나눌 수 있습니다. 방문판매, 점포 판매, 기업간거래 등 판매 형태별로 전략도 다르겠지요.

기업과 기업의 영업에서는 다른 분야에 비해 개인 역량이 덜 드러나요. 아무래도 기업 영업 담당자는 고정급을 받는 정직원인 경우가 많고 오랫동안 관계를 맺어온 사이이니까요.

가장 힘든 것은 역시 방문판매와 같은 직접 판매를 하는 분야가 아닌가 싶습니다. 방문판매에서는 고객 대부분을 처음 만나고, 일대일로 설득해야 합니다. 계약이 잘되면 좋은데, 계약이 저조하면 '이 일을 그만둬야 하나?', '내게는 영업 재능이 없나?' 하는 고민이 생깁니다. 그래서 방문판매 영업인에게는 정신교육이 필수입니다. 부정과 실패를 교육으로 풀어줘야 합니다. 교육이 없으면 좌절을 극복하지 못하고 일에서 떨어져 나가버립니다.

브리태니커회사에서 일할 때 무척 지적이고 말을 잘하는 매니저가 있었습니다. 사람들은 그를 '영업 능력을 타고난 사람'이라고 했습니다. 그 매니저의 교육을 듣고 '나도 저 사람처럼 똑똑하고 말을 잘하면 좋겠다'라고 부러워했습니다.

그런데 이상하게 그가 있는 팀의 실적이 우리 팀보다 낮았어요. 팀원 중에 떠나는 사람들도 꽤 있었고요. 그 사람이 너무 똑똑하고 말을 잘하는 게 문제였습니다. 그 매니저가 말하는 것을 들으면서 '나는 아무리 노력해도 저렇게 되기 어렵겠다'라는 생각이 드는 거지요.

반면 나는 고객을 만나야 할 때나 교육을 해야 할 때 수십 번씩 반복해서 연습하고 나갔어요. 그러니까 판매인들은 '저 매니저도 수십 번씩 연습해서 말을 잘하는 거구나. 나도 연습하면 저렇게 할 수 있겠다'라고 생각하는 거예요.

방문판매 영업인 교육은 그들에게 자신감을 갖게 해야 합니다. 판매인들이 '수백 번 연습해야지! 연습하면 나도 할 수 있겠다'라고 생각하게 만드는 교육이어야 합니다. 너무 탁월한 매니저나 뛰어난 강사들이 이 부분을 간과하기 쉬우니 주의해야 합니다.

— 저도 학창 시절에 비슷한 경험이 있습니다. 수학 선생님이 두 분 계셨는데, 질문을 하면 한 분은 그 자리에서 술술 풀어버립니다. 반면 다른 한 분은 "나도 잘 모르겠다. 공부해서 알려줄게"라고 하시고 열심히 연구해서 제게 가르쳐 주셨어요. 일반적으로 생각하면, 그 자리에서 문제를 풀어버리는 천재형 선생님이 학생들에게 동기부여가 될 것 같지만, 저는 오히려 후자의 선생님을 통해서 공부의 즐거움을 배웠습니다. '선생님께서도 저렇게 공부하시는데, 나도 더 열심히 해야겠다' 하고요.

간혹 자신이 뛰어난 것을 과신하는 리더가 있어요. 좋은 리더는 자기 잘난 것을 자랑하고, 가르치려 드는 사람이 아니에요. 밑에 사람들이 그 리더를 닮고 싶어 하고, 스스로 배우고 싶어 하도록 만드는 사람이 좋은 리더입니다. 골프나 축구 지도자도 그렇잖아요. 자신이 스타플레이어 출신이고, 많이 아는 것을 자랑해서는 선수들 실력이 좋아지지 않아요. 선수들에게 동기부여를 해주면서 '나도 열심히 하면 저 사람처럼 잘 할 수 있겠다'라는 자신감을 주는 지도자여야 합니다.

'나는 해낸다'라는 긍정의 힘

— 영업을 잘하거나, 성과가 높은 사람을 칭찬하고 격려하는 방법도 중요할 것 같습니다. 그들에게 상, 보너스를 적절하게 줘 다른 이들도 독려해야 하니까요. 회장님은 실적이 우수한 영업인들을 어떻게 관리하셨나요?

브리태니커회사에서 세일즈를 할 때, 나를 담당했던 매니저는 내가 계약을 성공시키면 아주 특별한 의식을 해줬어요. 양손으로 책상을 마구 두드리면서 내 이름을 여러 번 불러줬어요. 그 매니저가 어찌나 좋아하는지, 나는 계약을 하면 제일 먼저 매니저 얼굴이 떠올랐어요. 계약이 성사되면 사무실에 들어와서 접수를 하는데, 그 매니저가 없으면 접수를 하지 않았어요. 그 매니저가 좋아하는 모습을 보려고 일부러 기다렸다가 접수를 했습니다.

사람은 누구나 칭찬받고 싶은 욕구가 있습니다. 칭찬받으면 더 잘하고 싶은 마음이 생기잖아요. 칭찬을 받은 사람은 어색해하면서도 기분 좋아합니다. 영업에서도 적절한 자극이 필요합니다. 고전적이지만 사무실에 실적을 나타내는 그래프를 붙이거나, 실적 우수자에게 포상으로 여행을 거는 것도 영업인에게 자극을 주는 방법입니다. 매니저들은 영업인에게 자극을 줄 필요가 있어요. 칭찬도 좋은 자극입니다. 하지만 나는 칭찬을 남발하지는 않았어요. 정말 누구나 인정할 수밖에 없는 성과를 냈을 때 크게 칭찬하고 시상했습니다.

— 돈도 중요하고 상도 중요하지만 상사가 진심으로 기뻐하는 것을 보여주는 것도 영업인에게 좋은 자극이 되는군요. 그렇다면 실패한 사람은 어떻게 다독여야 자신감을 되찾을 수 있을까요?

야구선수 박찬호가 미국에서 선수 생활 하면서 무척 힘들 때 나를 찾아왔어요. 엄청난 스트레스를 받고 있더라고요. 그래서 저녁을 먹으면서 자신감을 주는 이야기들을 해줬어요. 일종의 정신교육을 한 것이지요. 공을 던질 때마다 "타자가 못 친다, 못 친다, 못 친다"라고 생각하면서 던지라고 했어요. 단순한 방법 같지만 이게 힘들 때는 상당히 도움이 됩니다. 그리고 내가 쓴 「나의 신조」를 주면서 매일 한 번씩 읽으라고 했어요. 그것 때문인지는 몰라도 그 뒤로 슬럼프를 극복하고 다시 성적이 좋아졌어요.

나는 영업을 하러 갈 때마다 '이 사람은 제품을 살 것이다'라는 주문을 외웠어요. 혹시 실패하면 '이다음 사람은 반드시 내 물건을 사줄 것이다'라고 마인드컨트롤을 했지요. 무슨 일이든 안 될 거라고 생각하면 하기 싫어요. '저 고객은 지금 형편이 넉넉하지 않아서 내 물건을 안 사줄 텐데……'라고 생각하면 그 고객을 만나러 가기가 싫어져요. 그러면서 실패하면 '나는 능력이 모자라. 이쯤에서 포기하자'라는 결론을 냅니다.

어떤 일을 잘하려면 실패하더라도 도전하고, 또 도전해야 합니다. 처음부터 성공하는 사람이 얼마나 되겠어요. 이 고객은 안 샀지만 저 고객은 살 것이라고 기대하고 다시 시작하는 자세가 도전이에요. 물론 실패한 원인을 찾아 방법을 바꿔보는 변화도 뒤따라야 합니다.

사람은 누구나 실패를 합니다. 실패할 때마다 누구 탓을 하면서 포기하면 아무것도 이룰 수 없어요. 실패하거나 어려움에 빠졌을 때는 자신의 생각부터 가다듬는 것이 중요합니다.

— 영업하시는 분들을 보면 매달 마감 실적을 맞추느라 스트레스를 많이 받더라고요. 매출의 압박 속에서 마음을 다스리는 일 역시 중요할 것 같습니다.

내가 브리태니커회사에서 세일즈를 할 때 일이 잘 안 풀리는 시기가 있었어요. 그래서 그만두려고 면담을 했어요. 부산에서 일하는 중이었는데 우선 서울로 가겠다고, 소속을 서울로 옮겨달라고 말했지요. 매니저는 여기에서 내가 일을 제일 잘하는 사람이라고 말리면서 조건을 걸었어요. 2주 동안 실적을 제대로 내면 서울로 보내준다고요. 그래서 2주도 못하겠나 싶어서 정말 열심히 했더니 실적이 엄청나게 올랐어요. 그만둘 생각이 없어지더군요. 그 전까지는 안돼서 그만두려고 했는데 2주 동안 이대로 계속하면 좋겠다고 했던 것이 10년을 한 겁니다. 영업에서는 정신력이 특히 중요해요. 이번에는 안됐지만 다음엔 꼭 해야 한다는 생각, 내 방법이 틀렸는지 고민해 보고 다시 한번 해내겠다는 생각이 중요해요. 그렇게 해서 끊임없이 도전하면 반드시 성과를 내게 돼 있어요.

— 요즘에는 고객들의 갑질이 문제가 되기도 합니다. 고

객의 행동과 상관없이 영업인은 고객에게 언제나 호의적이어야 하고, 이를 고객의 당연한 권리로 생각해서 영업인에게 무리한 요구를 하거나 하대하는 경우도 종종 발생하는데요. 일은 좋지만 사람 때문에 상처받는 이들에게 조언을 하신다면요?

모든 사람들이 그런 게 아니라 어쩌다 그런 사람이 있는 것이지요. 그러니 무조건 나쁘게 생각하기보다 '아, 내가 잘하면 좋아질 수 있겠다'라고 생각해야 해요. 섭섭한 마음을 갖고 있으면 나중에는 일이 싫어질 거예요. 고객이 나하고 친해지고 싶다거나 또 가깝게 느꼈다고 생각하면 별거 아니고, 그런 고객일수록 잘해주면 더 심해지지는 않는다고 생각하는 게 좋아요. 그런 고객일수록 더 잘해주세요. 잘해주면 나한테 복이 옵니다. 상대가 뭐라고 하든지 내가 계속 잘해주면 내게 플러스가 되지 마이너스가 되진 않아요. 그 고객이 다른 사람을 소개해 줄 수도 있는 것이고요.

— 영업을 잘하려면 신문이나 책을 많이 읽고, 다른 사람의 연설을 듣는 것도 도움될 것 같습니다. 영업에 도움이 될 만한 콘텐츠를 추천해 주세요.

영업하는 사람은 마인드컨트롤이 가장 중요합니다. 직접적인 영업 노하우를 익히는 책이 아니더라도 정신력을 강화하는 콘텐츠면 무엇이든 좋습니다. 나는 기독교 신자는 아니지만 영업을 할 때 목사님들이 쓴 책들을 많이 읽었어요. 목사님들은 정신력의 기적에 대해 많이 말씀하시니 도움이 되더라고요. 그리고 『갈매기의 꿈』을 읽으면서 꿈이나 희망을 가질 수 있었고, 헬렌 켈러의 자서전 『사흘만 볼 수 있다면』을 읽으면서 긍정적 생각을 할 수 있어 좋았어요.

요즘도 나는 힘들고 지칠 때는 어려움을 이겨낸 사람들의 강연을 찾아 듣거나, 좋은 그림이 있는 화집을 보기도 합니다. 고민을 직접 해결해 주지는 않지만 마음의 평화를 찾을 수 있어서 큰 도움이 됩니다.

— 현재 학교에서 영업을 배울 수 있는 방법은 없습니다. 대학교 경영학과 커리큘럼에도 영업을 직접 가르치는 강좌는 없습니다. 윤 회장님이 학교에서 영업학을 개설한다면 무엇을 가르치겠습니까?

대학교에서 마케팅은 가르치는데, 그보다 넓은 개념인 영업을 학문으로 가르치지 않는 것은 좀 아쉬워요. 영업이야말로 기업의 시작과 끝이자, 존폐와 관련된 중요한 영역인데 말입니다.

내가 영업을 가르친다면 아마 정신력을 논하는 수업이 될 것 같습니다. 첫 수업은 '도전 의식'이 주제일 거예요. 영업은 의욕, 용기, 꿈, 희망이 투영돼야만 결과를 만들 수 있는 업무입니다. 영업의 중요성을 알려주고, 성공적인 영업을 해내는 정신력 위주로 수업을 할 것 같습니다.

— 영업이 단순한 스킬의 문제가 아니라 보다 근본적인 정신력의 문제라는 점에 공감합니다. 도전정신을 가르친다는 말씀도 의미 깊게 다가옵니다. 사실 영업의 범위는 굉장히 넓습니다. 자동차를 사달라고 하는 것도 영업이고, 누군가를 설득하는 것도 영업 아니겠습니까?

전 박사가 나를 만나서 대화를 나누고, 나중에 나에 대해 평가하는 것도 영업입니다. 내가 전 박사에게 어떤 말을 했느냐, 어떻게 공감을 이끌어냈느냐의 결과니까요. 영업은 설득이 기본입니다. 설득은 비즈니스뿐만 아니라 가정에서도 중요해요. 연인, 부부, 자녀와의 관계에서도 설득과 공감이 필요합니다. 그러니 영업의 범위는 무궁무진하다고 할 수 있지요. 영업을 제대로 익히면 인생을 살아가는 데도 큰 도움이 됩니다.

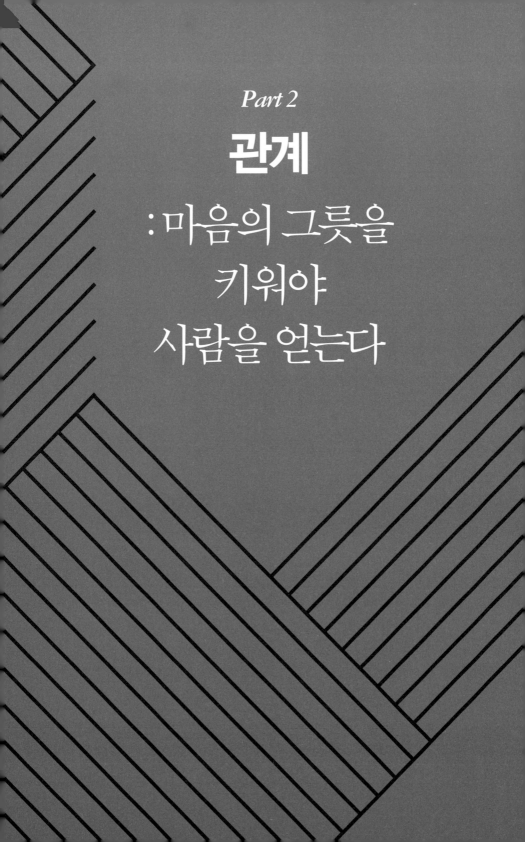

Part 2

관계

: 마음의 그릇을
키워야
사람을 얻는다

Interviewer says

회사에서 발생하는 인간관계 문제는 개인의 의욕과 성취감을 떨어뜨리는 주요 원인이 된다. 심한 경우에는 우울증이나 육체적인 고통으로 이어지기도 한다.

사람의 업무를 기계와 로봇이 대체하는 미래에는 인간관계 문제로부터 자유로워질 수 있을까? 안타깝게도 대답은 '그렇지 않다'이다. 하버드대학교의 데이비드 드밍(David Deming) 교수는 기술이 고도화되는 시대일수록 역설적이게도 기술로 대체 가능한 '인지능력'보다는 기계가 대체하기 힘든 '대인관계능력'이 생존의 핵심경쟁력이 될 것이라고 예측한다.* 앞으로 사회가 아무리 발전하더라도 우리는 인간관계의 굴레에서 결코 벗어나지 못한다는 뜻이다. 사회적 동물인 인간으로 살아가는 한, 사람과 사람 사이에서 발생하는 문제는 평생에 걸쳐 해결해 나가야 하는 과제인 것이다.

Andrew Flowers, "The Best Jobs Now Require You To Be A People Person", 《FiveThirtyEight》, 2015.8.25.

최악의 파트너와 일해야 할 때

— 직장 생활을 하다 보면 갈등이 생기는 경우가 흔히 있습니다. 종종 상사, 동료와의 심각한 갈등은 회사를 그만두고 싶은 마음까지 들게 합니다. 이런 경우 어떻게 하면 현명하게 극복할 수 있을까요?

직장 내에서 일어나는 갈등은 그 유형이 너무 많아서 전부 다루기는 어렵습니다. 다만 업무로 인한 갈등과 개인적 감정은 구분하라고 조언하고 싶습니다. 예를 들어 A라는 직장 동료와 일하다가 언쟁이 있었어요. 그런데 이후에 A가 다른 사람에게 내 욕을 했다는 것을 알았다고 합시다. 무척 기분이 나쁘겠지

"

직장 내에서 업무로 인한 갈등과
개인적 감정은 구분하라고
조언하고 싶습니다.

"

"

갈등을 개인적 감정으로
해결하려 들면 오히려 더 꼬입니다.
이 두 가지를 구분해서
갈등을 풀어나가는 것이 지혜예요.

"

요. '네가 내 욕을 하고 다녀? 그런 너는 잘못이 없냐?'라며 A를 미워하기 시작합니다. 이러면 문제를 해결하기는커녕 오히려 갈등이 커집니다. 이런 상황이 여러 사람들과 반복되면 나중에는 회사에서 많은 이들과 마음의 벽을 쌓게 됩니다.

업무를 하다가 생긴 갈등을 개인적 감정으로 해결하려 들면 오히려 더 꼬입니다. 이 두 가지를 구분해서 갈등을 풀어나가는 것이 지혜예요. 이럴 때 마음의 그릇이 큰 사람이라면 A가 다른 사람에게 내 욕을 한 이유부터 생각해 봐야 해요. 그리고 A에게 밥이라도 먹자고 해서 갈등이 빚어진 이유를 친절하게 설명하면 A도 미안해할 거예요. 힘들더라도 감정을 뒤로하고 이성적으로 해결하는 것이 우선입니다.

옹졸하게 생각하면 득이 될 게 없어요. 크게 생각하면 세상이 좋게 보입니다. 상대를 나쁘게 보고 미워하기만 하면 행복할 수 없어요. 해결되는 것도 없이 마음만 괴롭습니다. 내 마음의 그릇이 커지면 훨씬 많은 사람을 포용할 수 있고, 갈등도 해결할 수 있습니다.

물론 쉽지 않아요. 아무리 노력해도 싫은 사람이 있어요. 나는 비윤리적인 행동을 하거나, 거짓말을 하는 사람은 아예 멀리했어요. 사람 자체에 대한 근본적인 문제가 아니라 업무로 인한 갈등이라면, 내가 시야의 폭을 넓혀서 상대방을 감싸려고 노력하는 편입니다.

— 일을 하는 과정에서 나에게 직접적으로 피해를 입히는 사람들도 있습니다. 성과를 가로채는 경우가 가장 대표적일 것 같은데요. 상사를 열심히 도왔는데, 그 성과가 온전히 상사에게 돌아가면 허탈하기도 하고, 섭섭하기도 하지요. 이럴 때는 어떻게 대처해야 할까요?

사실 조직에서는 그런 일이 비일비재해요. 사장도 아랫사람들이 한 일을 가져와서 전부 자기가 한 것처럼 보고하기도 해요. 정작 그 일을 한 담당자는 힘이 빠지고, 화가 날 수도 있습니다.

하지만 회사 생활을 길게 보면 그렇게 생각할 필요 없어요. 한두 건이 아니라, 여러 건의 업무에서 계속 성과를 보이면 직속상관보다 위에 있는 상위 책임자가 알아요. 이 일을 진짜 누가 했는지를 말이에요. 사무실에서는 "이 일은 상사가 한 게 아니라 내가 한 것이다"라고 떠벌리지 않는 편이 좋습니다. 상위 책임자에게 사실대로 말한다고 해서 성과가 자신에게 돌아오는 것도 아니에요. 그럴 때는 조금 기다리는 게 현명해요. 계속 일을 잘해내고, 성과가 쌓이면 회사에 소문이 날 수밖에 없어요. 팀원들이 이야기를 하다 보면 상위 책임자의 귀에도 곧 들어가게 돼 있어요.

상황을 너무 좁게 생각하지 말고 원래 하던 대로 열심히 일하면서 기다리는 것이 좋아요. 그 상사만 칭찬받고 승진한다면 내 입장에서는 열도 나고 미워질 수 있어요. 조직이 자신을 몰라주는 것이 섭섭하고요. 그렇다고 감정적으로 대응하면 자신에게도 손해예요. 그냥 '상사가 이번에 승진하려고 저러나 보다'라고 생각하며 기다리세요. 상사가 임원으로 승진했다면 자기도 양심이 있는데 가만히 있겠어요? 아랫사람을 챙길 수밖에 없어요.

길게 보고 이성적으로 생각하며 기다리세요. 업무 성과는 사라지지 않고, 그 일을 잘 해낸 사람이라는 평가는 영원히 남으니까요.

능력을 인정받지 못한다면

— 조직 내에서는 무엇보다 상사와의 관계가 중요할 텐데요. 묵묵히 맡은 일을 열심히 하는 사람보다 상사 앞에서 쇼맨십을 잘하는 사람, 아부를 잘하는 사람이 더 좋은 평가를 받는 경우가 있습니다.

리더도 자기에게 좋은 말을 해주고, 잘하는 사람을 좋아할 수밖에 없어요. 그런 이들에게 정도 가고요. 다만 리더라면 그들이 진심에서 우러나온 말을 하는지, 상사에게 잘 보이려고 입에 발린 소리를 하는지는 구분할 줄 알아야겠지요.

팀원의 입장에서 생각해 볼까요? 이들은 스스로 일을 많이 한다고 생각해요. 힘들다, 바쁘다는 말을 입에 달고 살아요. '이렇게 열심히 일하는 나를 회사가 언젠가는 알아줄 거야'라고 믿으면서 혼자 외골수처럼 일하는 것이지요. 그러다가도 상사가 자신을 알아주지 않는 것 같으니 불만이 생깁니다.

회사 입장에서는 일을 많이 하는 직원이 꼭 좋은 것만은 아니에요. 하지 않아도 될 쓸데없는 일을 하면서 힘들다, 바쁘다는 경우도 있거든요. 회사에서는 '성과'를 중심으로 일해야 합니다. 뚜렷한 결과를 내지 못했는데 그저 열심히 일했다는 것만으로는 제대로 평가받기 어렵습니다. 조직이 원하는 확실한 성과를 만들어 낸다면 회사에서는 그 사람을 소중히 여길 수밖에 없어요. 팀장도 그 사람을 보물처럼 여기고 잘해줄 거예요.

아직 성과가 나지 않았다면, 팀장이 알아볼 수 있도록 일하는 방식부터 '성과' 중심으로 바꿔보면 어떨까요? 보다 의욕적으로 일하고, 긍정적인 말을 쓰고, 더 밝은 표정으로 생활하는 거예요. 그런 노력도 해보지 않고 가만히 있으면서 자신을 알아주기 바라는 건 욕심이에요. 불평한다고 해서 달라지는 건 없어요.

— 상사가 능력 밖의 어려운 일을 시켜 부하 직원으로서

해내기가 벅찬 듯하고 부담스러울 때는 어떻게 극복해야
할까요?

위에서 일을 많이 시키거나 어려운 일을 지시하면 오히려
뿌듯해해야 해요. '상사가 나를(내 능력을) 인정해서 내가 잘 해
결할 것이라 믿고 이 일을 맡기는구나'라고요. 또 '내게 새롭게
도전할 수 있는 기회를 주는구나'라고 생각하면 그리 괴롭지
않아요.

사실 일을 시키는 입장에서는 '저 사람이 이 일을 해낼 것이
다'라고 믿으니까 맡기는 거예요. 일을 망칠 게 뻔한 사람에게
왜 일을 시키겠어요. 간혹 나쁜 상사 중에는 부하 직원을 골탕
먹일 작정으로 어려운 일을 주는 경우도 있겠지요. 그렇더라도
일을 잘 해내면 상사 입장에서는 더 깜짝 놀랄 거예요. 골탕 먹
이려고 했는데, 오히려 잘 해냈으니까 할 말이 없지요.

그러니까 어려운 일을 맡은 것을 부담스러워하거나 상사를
원망하는 대신에 '회사가 나를 인정해서 이 복잡한 일을 맡기
는 거야, 이 일을 잘 끝내면 한 단계 성장하겠구나'라고 생각
하세요. 어려운 프로젝트를 잘 해결하면 나중에 자신의 실력이
훌쩍 높아진 것을 스스로 느낄 수 있을 거예요. 긍정적인 생각
이 자기를 발전시키고 다른 사람과의 관계도 좋게 만듭니다.

팀 분위기를 망치는 사람이 있다

— 내가 소속된 팀의 팀장이 일을 못하는 경우가 있습니다. 이로 인해 사내에서 팀에 대한 평가가 안 좋고 일을 못하는 팀으로 낙인이 찍히기도 합니다. 그 피해는 고스란히 팀원들이 입어요. 차라리 팀장이 없으면 업무 성과도 올라가고, 팀 분위기도 좋아질 것 같은 경우가 있어요.

일을 못하는 사람이 권한을 가지면 문제가 생겨요. 일은 못하면서 권한은 누리려고 하니까요. 무능한 사람에게 권한을 주는 조직이나 상위 책임자도 문제이지만, 팀장의 무능함을 회사에 항의한다고 당장 해결되는 건 없어요. 팀장의 인사권을 가진 본부장도 무능하다는 이유로 팀장을 보직 해임할 수는 없을 거예요.

이럴 때는 상사를 설득하는 것도 방법이에요. 무능한 사람과 싸우면 서로 관계만 더 틀어져요. 그런 팀장들은 대부분 고집도 세거든요. 내가 원하는 방향으로 팀장의 결정을 유도한다는 전략으로 접근해 보세요. 옳다고 생각하는 방향을 객관적 자료를 통해 입증하면서 상사를 이해시키는 것이지요. 외국 기업에서는 이렇게 한다, 국내 1위 기업은 이런 방식으로 하더라는 최신 자료를 들이밀면 무능한 상사도 그 방향으로 결정할 수밖에 없어요. 상사를 설득하는 능력을 키울 수 있고, 일도 원하는 방향으로 이끌 수 있어요.

그래도 무능한 상사가 쉽게 바뀌지는 않을 거예요. 다른 부서로 이동하기를 기다리는 것도 무모하고요. 그렇다고 일에 손놓고 불평만 하는 것은 자신에게 손해예요.

— 반대의 경우도 있어요. 팀원인데 업무에 도움을 주기는 커녕 일을 그르치고, 팀 분위기마저 흐리는 경우가 있습니다. 팀에 전혀 도움이 되지 않고, 나아가 팀 단합에 방해가 되기도 합니다. 이런 동료는 어떻게 대처해야 할까요?

부정적인 말로 팀 분위기를 망치는 이가 대표적이지요. 그런 사람은 상사가 가르친다고, 동료들이 조언한다고 해서 달라지지 않아요. 장기적인 전략이 필요합니다. 그때그때 단편적으로 지적하는 대신 지속적인 교육과 훈련으로 근본적인 사고를 바꿔줘야 해요. 초반에는 긍정적인 생각을 할 수 있도록 집중적으로 교육하는 것이 효과적입니다. 회사에서 쓰는 말 중에서 긍정적인 말과 부정적인 말을 적어보라고 할 수도 있어요. 그리고 불만이 있으면 술자리나 화장실에서 하지 말고 회의실처럼 공개된 장소에서 건의하라고 해야지요.

그런 사람을 바꿔놓지 않으면 팀 전체 분위기가 나빠져요.

그런 사람은 혼내고 윽박지르는 것으로 해결되지 않아요. 진정한 리더라면 당장은 힘들더라도 그 사람의 생각과 습관을 바꿔주는 노력을 해야 합니다. 업무 역량이 떨어지면 따로 숙제를 내줘야 해요. 스스로 훈련하고 노력할 수 있는 기회를 주는 것이지요. 숙제를 해오면 피드백해 주면서 그의 부족한 부분을 채워줘야 합니다.

집을 지을 때 네모반듯한 돌만 필요한 것은 아니에요. 세모난 돌, 동그란 돌도 필요할 때가 있어요. 어디에 쓸지는 집을 짓는 사람의 판단이지요. 회사의 직원도 그래요. 네모반듯하지 않아도 어디에 쓸 수 있을지 그만의 가능성을 찾아주는 것도 리더의 역할이에요.

— 지나친 자기 확신으로 주변 어떤 사람의 조언도 듣지 않는 독선적인 상사 혹은 동료를 만났을 때는 어떻게 해야 할까요?

그건 바꾸기 어려워요. 만약에 그런 상사를 만났다면 다양한 사람을 겪어봄으로써 나의 커리어에 도움이 될 거라고 긍정적으로 받아들이기를 권합니다. 친구라면 코칭을 해줄 수도 있겠지만, 이런저런 이유로 부족한 사람들을 다 피하면 친구가 없습니다. 나도 주변에 친구가 많지만 단점을 하나하나 따지면 만나기가 싫을 거예요. 장점을 많이 보려고 노력하면 친구가 있어서 행복하다고 생각할 수 있지요.

내 기준에 상대방이 어긋나도 기본적으로 상대방의 전부를 바꿀 수는 없습니다. 문제점을 반드시 말해줘야겠다면 그냥 말한다고 해서 상대가 바뀌지는 않으니, 상대방의 속도에 맞춰 코칭을 해주는 게 좋습니다.

멀어진 관계를 회복하는 법

— 가까운 사람과 사이가 멀어졌을 때는 어떻게 다시 관계를 회복할 수 있을까요?

어떤 상황이냐에 따라 여러 답이 있을 겁니다. 우리는 누군가와 사이가 틀어졌을 때, 갈등이 잘 풀리지 않을 때 상대부터 바꾸려고 해요. 그런데 인간관계 문제를 해결하는 방법은 쉬워요. 나를 바꾸면 됩니다. 상대를 바꾸는 것보다 내가 나를 바꾸는 것이 훨씬 쉽습니다. 자신은 바뀌지 않으면서 팀장을, 부하 직원을 바꾸려고 애쓰다가 상대가 끝내 바뀌지 않으면 실망하고 더욱 싫어해요.

얼마 전 한 후배 경영자가 관계가 멀어지고 있는 부하 직원 때문에 고민하고 있었어요. "내가 전화를 해도 받지 않고, 지시를 해도 따르지 않습니다"라면서 열을 내더라고요. "일단 그에게 밥도 사주고, 차도 마시면서 더 가깝게 다가가는 노력을 계속하라"라고 했어요. 그로부터 얼마 후 후배 경영자가 말했던 그 부하 직원과 만날 일이 있었어요. 사장을 왜 그렇게 대하는지 물었어요. "아휴, 말도 마세요. 사장이 밤늦게 전화하고 새벽에도 문자메시지를 보내요. 주말에도 시간을 가리지 않고 연락해요. 아주 급한 일도 아닌데 말이에요. 너무 힘들어서 회사를 그만둘지 말지 고민하고 있어요"라고 말하더군요.

양쪽 이야기를 들어보니 서로 생각이 완전히 달라요. 사장은 '임원이 밤낮이 어디 있어? 내가 시키면 그대로 하는 거지!'라고 생각하고, 직원은 밤낮없이 사장이 전화해서 일 이야기를 하니까 피곤에 지쳐 있었어요. 양쪽 상황을 다 듣고 두 사람에게 각각 "상대방을 바꾸려고 하지 말고, 자신부터 바꾸라"라고 조언을 해줬어요.

그 후 둘의 사이가 좀 나아졌다는 반가운 소식이 들려왔어요. 사장은 아무 때나 전화해서 불러내는 습관을 고치려고 노력했고, 그 임원은 사장의 말에 더 귀 기울이는 자세로 바꿨다고 하더라고요.

사람은 자기중심적으로 생각해요. 상대방의 상황은 고려하지 않아요. 나를 먼저 바꾸는 것이 인간관계를 개선하는 가장 좋은 방법입니다.

— 방금 말씀하신 것처럼 자신은 바뀌지 않으면서 상대가 변하기를 바라는 경우가 정말 많습니다. 스스로는 아무 잘못이 없다고 철석같이 믿으며, 남의 문제나 잘못을 지적해서 싸움이 커지는 경우 말입니다.

상대방의 문제를 지적하기 시작하면 결국 싸우게 돼요. 일하다 보면 까다롭고 힘든 사람을 겪기 마련입니다. 그럴 때 괴로워하거나 미워하지만 말고 '내가 저 이상한 부장한테 더 관심을 갖고 잘해줘야겠다. 저 부장을 견디면 나는 정말 포용력이 있는 사람이 될 것이다. 큰 생각을 가진 사람이 돼야지'라고 생각하면 그렇게 어렵게 느껴지진 않을 거예요.

잘해주다 보면 문제가 있던 부장도 조금씩 달라져요. 그 직원의 말에 귀 기울이고, 의논할 거예요. 싫어하고 미워하는 감정으로 인간관계에서 생긴 문제를 해결할 수는 없어요. 속으로 '저 팀장은 다른 팀으로 이동도 안 하나?'라고 바라겠지만 그가 떠난 자리에 더 나쁘고 이상한 사람이 올 수도 있어요. 인간관계를 개선하는 주체는 상대방이 아니라 '나'입니다.

— 나부터 바꾸는 노력을 했는데도 절대 바뀌지 않는 사

람도 있을 텐데요. 이런 경우에는 어떻게 해결할 수 있을까요?

어쩌면 방법이 틀렸는지도 몰라요. 노력한다고 했지만 상대방에게 진심을 담아 접근하지 않고, 하기 싫은데 억지로 하지는 않았는지 생각해 보세요. 진심은 알 수밖에 없거든요. 눈빛, 표정, 말소리를 통해 저 사람이 진심인지, 아닌지를 알 수 있잖아요. 진심으로 노력했는지, 어쩔 수 없이 잘하는 척하지는 않았는지 점검해 보세요.

나는 인간관계는 노력으로 어느 정도 변화시킬 수 있다고 생각해요. 나의 노력으로 사람이 바뀔 수 있다는 믿음을 버리지 마세요. 내가 먼저 잘해보겠다는 결심은 관계를 개선하는 데 무척 중요합니다. 물론 정말 안 바뀌는 사람도 있어요. 정말 노력했는데도 상대가 달라지지 않는다면 자신이 부족하다는 것을 인정하는 것도 필요해요. 그럴 때는 노력을 멈추되 마음을 좀 느긋하게 가지면 도움이 될 거예요. '이 또한 지나가리라' 하잖아요. 관계는 평생 가지 않아요. 팀장이 바뀔 수도 있고, 새로운 프로젝트가 생겨 본인이 떠날 수도 있어요.

사람이 최고의 자산이다

— 직장 생활을 하다 보면 가끔 외로워질 때가 있습니다. 아무도 나를 이해하지 못하는 것 같은 고립감이 밀려올 때도 있고요. 회장님은 이런 감정이 들 때마다 어떻게 극복하셨나요?

그래서 일만 하지 말고 사람에 투자하는 것도 필요해요. 어려울 때 이야기 나누면서 위로받을 사람을 만들어 놔야지요. 나는 시간이 날 때마다 지인들과 취미 생활을 즐기면서 그들이 내 주변에 머물도록 했어요. 바둑 친구는 10여 명 정도 있고, 골프를 칠 때 언제라도 부를 수 있는 친구도 20명은 되는 것 같아요. 일에 집중하는 것은 좋지만, 일에만 시간을 쓰는 것은 옳지 않다고 생각해요. 일과 삶을 구분하는 습관이 있어야 외롭지 않습니다. 일을 위한 시간과 즐거움을 위한 시간을 각각 나눠서 써야지요. 일하는 시간 외에 따로 시간을 내서 책도 보고, 신문도 보고, 영화도 보면서 일이 아닌 인생의 다른 부분에 대해서도 생각하는 시간을 가져야 해요.

나는 나이 들수록 재미있는 사람이 되려고 노력해요. 만나자는 연락도 먼저 하는 편이에요. 아무래도 나보다 나이가 적으면 내게 만나자고 말하기 어려울 테니까요. 그들을 만나서도 분위기를 가볍게 풀어주는 이야기를 많이 해요. 너무 엄격하면 사람들이 부담스러워하거든요. 나이가 많아서 어렵게 느껴지는 사람이 아니라 만나면 늘 즐겁고 반가운 사람이 되려고 노력해야 내 주변에 사람들이 모여요.

— 회장님 이야기를 들어보면 사람을 중요하게 여기시는 것 같습니다. 인간관계에서 먼저 노력해야 하는 것도 그렇고요. '인복'을 타고나는 사람이 있습니다. 반면 인복이 없는 사람도 있지요. 주변에 도움을 받을 만한 좋은 사람들이 없는 경우지요. 인복을 만드는 방법 좀 알려주세요.

나도 인복이라는 것을 좀 믿어요. 모든 일에는 운이 7이고 실력이 3이라는 '운칠기삼'이라는 말도 있지요? 내 생각에는 운이 5쯤은 되는 것 같아요. 그러나 실력이 없으면 운이 와도 받아들이지 못해요. 행운이 내게 왔다가 달아나는 거예요.

인복이 찰나의 행운일 수는 있지만, 이 행운을 지속적으로 유지하는 건 자신이 어떻게 행동하느냐에 달려 있어요. 내가 정말 좋은 사람을 만나도 상대가 나를 떠나버릴 수도 있지요. 내게 좋은 이성이 다가왔는데 내가 예의 없이 행동하면 관계가 지속되지 못해요. 그럼 내게는 좋은 인복을 받아들일 역량이 없는 거예요. 내가 복 받을 행동을 해야지요. 좋은 상대를 만났을 때 진심으로 대하고, 예의를 갖춘다면 인복이 많은 사람이 될 수 있습니다.

— 내가 우선 상대에게 좋은 인맥이 돼주면 인복이 많은 사람이 될 수 있다는 말씀이군요. 흔히 사회에서 출세하려면 "줄을 잘 서야 한다"라고 하지요. 같은 고향이나 학교, 친인척 인맥을 활용하면 도움이 된다는 말이잖아요. 그렇다면 인맥은 많을수록 좋을까요? 좋은 인맥의 기준이 있을까요?

"줄을 잘 서야 한다"라는 말은 이제 지나간 이야기 같아요. 사회가 발전하고 선진화될수록 고향 선후배라고 그 사람을 무조건 채용하지는 않거든요. 선진화의 전제는 공정성이기 때문이에요. 선진화된 사회에서는 그 사람을 추천하기에 앞서 내게 피해가 되는지 아닌지를 따지고, 그 사람의 실력을 공정하게 살핀 후 채용하지요. 사회생활에서 인맥도 무시할 수는 없지만 실력을 쌓는 것이 더 중요해요. 실력을 갖춘 다음에 인맥이지, 인맥이 실력보다 우선할 수는 없어요.

너무 많은 사람을 가볍게 사귀는 것보다는 내게 긍정적인 영향을 미칠 수 있는 사람, 배울 점이 있는 사람과 자주 만나는 것이 좋아요. 만났을 때 내 기운을 빼앗거나, 어떤 사안에서든 단점을 부각시키는 사람은 잘라내는 것이 맞아요. 만날 때마다 다른 사람을 욕하는 사람, 자기 사업에 투자해 달라며 돈 이야기를 하는 사람도 경계해야 하고요. 인간관계에서는 친밀도도 중요하지만 사람을 보는 객관적인 눈도 있어야 해요.

인맥이 너무 많으면 관리가 되지 않아요. 누군가와 명함만 주고받은 정도였는데 '친한 사이'라고 과장하는 사람은 신뢰하기 어려워요. 그건 인맥이 아니에요. 깊은 대화를 나누고, 어려운 일을 의논할 수 있는 사람이 진짜 인맥이라고 할 수 있어요.

회사에 내 편이 있는가

— 회사에서 만나는 사람과는 사적으로 너무 가까워지지 않는 것이 좋다고 해요. 사회에서 만나니까 단점이 드러나면 업무할 때 약점으로 작용할 수 있다고 생각하는 것이겠지요. 회사에서 맺는 인간관계와 사적인 인간관계를 구분하는 것이 더 나을까요?

군이 구분하지 않아도 된다고 생각해요. 회사 동료는 가족, 친구보다 훨씬 더 긴 시간을 함께하는 사람들입니다. 학교 때 친구들은 격의 없이 친해도 사회생활을 시작하면 서로 처한 환경이 달라지기 때문에 변해가는 각자의 내면을 알기가 어려워요. 오히려 직장 동료가 나에 대해 더 깊이, 많이 알아요.

직장 동료와 관계가 단절되면 생활이 건조해져요. 예를 들어 회사에서 상사와 관계를 잘 맺으면 나중에 상사가 다른 회사로 옮겼을 때 그 사람을 또 불러요. 함께 일하자고요. 그런 것이 바로 좋은 인맥입니다.

어디에서 맺은 관계든 신뢰가 있어야 합니다. 다음에도 만나고 싶은 사람, 믿을 수 있는 사람이 돼야 하지요. 친구는 편하게 속내를 털어놓을 수 있어요. 아이들도 부모에게 하지 못하는 말을 친구에게는 하잖아요. 같이 놀고 대화를 나눌 편한 상대가 있어야 직장 생활이 즐거워요. 출세, 경쟁과는 상관없이 마음 터놓을 친구가 있다는 것만으로도 위안이 되고, 삶의 활력소가 됩니다. 직장 생활을 즐겁게 하는 비결이지요.

직장에서 마음 나눌 친구가 한 명도 없다면 오히려 반성해야 할 것 같아요. 나를 보고 싶어 하는 사람이 없다는 것은 내가 그만큼 베풀지 않았고, 마음을 닫았다는 뜻은 아닐까요? 직장에서도 친구는 꼭 필요합니다. 사회에서 만난 친구라고 선을 긋지 마세요. 자신이 먼저 좋은 친구, 진심을 나누는 친구가 돼주세요.

나를 돌파하는
힘

Part 3

리더십

: 함께 일하고 싶은 리더가 살아남는다

작고 순발력 있는 애자일조직(Agile organization, 부서 간 경계 없이 필요에 따라 구성하는 소규모 팀)을 지향하는 회사가 늘면서, 최근 30대 초반의 젊은 리더들이 부쩍 증가하고 있다. 리더십을 고민하는 사람들이 늘어나서일까. 리더십을 단지 '회사 대표가 고민할 문제'로 치부하는 대신, '언제든 내게 주어질 수 있는 과제'라고 받아들이는 분위기가 형성되고 있다.

서점가에 넘쳐나는 리더십 관련 책만 봐도 리더십이 얼마나 해결하기 어려운 문제인지 가늠할 수 있다. 분명한 사실은 리더십을 고민하는 사람들에게 필요한 조언이란 '꿈을 가지고 도전하라'라는 이상적인 문장보다 팀원의 행동을 효과적으로 지적하는 방법과 같은 실질적이고 구체적인 팁이라는 사실이다.

리더의 자질은 곧 조직의 성과와 직결된다. 나와 팀원, 나아가 조직의 성장을 위해서는 항상 '리더십'에 대한 고민이 선행돼야 할 것이다.

함께 일하고 싶은 리더란

— 회장님은 오랫동안 여러 조직을 이끌어 온 리더입니다. 조직에서 리더는 어떤 존재여야 할까요?

리더가 어떤 사람이냐에 따라 조직은 완전히 달라집니다. 리더는 다음의 세 가지를 할 수 있어야 합니다.

첫째, 리더는 조직원들을 신나게 하는 사람입니다. 직원들이 신나게 일할 수 있는 환경을 만들어야 한다는 뜻입니다. 회사마다 환경이 다를 수는 있습니다. 그러나 어떠한 상황에서든 리더는 직원들을 힘들게 하는 장애물을 없애주고, 즐겁게 일할 수 있는 여건을 조성해야 합니다.

둘째, 리더는 공정한 사람이어야 합니다. 열심히 일한 만큼 보상을 받는다는 믿음이 공정성의 기반입니다. 직원들은 공정하다고 느껴야 신나게 일해요. 리더가 공정하면 개인이 간혹 손해를 보더라도 기분 나빠 하지 않습니다. 공정한 잣대로 판단한 결과니까 받아들일 수밖에 없는 거지요. 하지만 공정하지 못한 조직에서는 직원들이 최선을 다해 일하지 않습니다. 결과가 공정하지 못할 것이라는 불신이 깔려 있으니 열심히 할 필요가 없는 거예요. 리더는 공정성의 잣대를 만들고, 공정성을 지키려고 끊임없이 노력해야 합니다. 또 공정성의 기준이 되는 평가 방법을 수시로 조직원들에게 공유해야 합니다. 그래야 리더도 공정성을 지키고, 조직원들도 그 기준에 맞추려고 노력하기 때문입니다.

셋째, 함께 일하는 사람들을 사랑해야 합니다. 자기가 좋아하지도 않는 사람을 신바람 나게 할 수는 없습니다. 리더는 함께 일하는 사람들을 아끼고 사랑해야 조직을 잘 이끌 수 있습니다. 서로를 아끼고 사랑하는 조직은 엄청난 힘을 발휘합니다. 상사가 부하 직원을 사랑하고 아끼면, 직원도 상사를 믿고 따릅니다. 함께 일하는 사람들끼리 사랑을 주고받으면 회사에 출근하는 발걸음이 가볍습니다. 자꾸 이야기하고 싶고, 마음을 나누고 싶어집니다. 사랑 없이 일로만 엮인 관계는 지루하고 따분해요. 직원들을 사랑하고, 자신을 좋아하게 만드는 사람이 큰 리더로 성장합니다.

> — 리더는 조직원들을 신나게 해야 하고, 아랫사람을 사랑해야 한다는 말씀이 당연한 말임에도 신선하게 들립니다. 막상 실천하기는 쉽지 않아서겠죠. 직원들을 신바람 나게 하려면 어떻게 해야 할까요?

　부하 직원이 결재를 받으러 들어왔는데 완성도가 미흡한 경우가 있어요. 직원에게 "이걸 자료라고 만들었어? 대체 일을 하는 거야, 마는 거야?"라며 윽박질렀을 때 그 사람이 다음에 제대로 일을 해올까요? 또는 "이것밖에 못 해? 이걸 이렇게 고치고, 추가로 이 자료를 넣어서 내가 시키는 대로 다시 해와!"라고 했을 때 일하는 사람이 신이 날까요? 어쩔 수 없이 하겠지만 마음을 담아서 일하지는 않을 것입니다.

　같은 경우 "나는 이 부분이 좀 부족한 것 같은데, 김 과장 생각은 어떤가. 혹시 더 좋은 대안은 없을까?"라고 묻고 상의한다면 달라질 것입니다. 사람은 자신의 아이디어가 받아들여질 때 신납니다. 윗사람이 지시하고 명령한 일에 대해서는 자신의 성과라고 생각하지 않기 때문에 신나게 일하지 않습니다. 직원들이 신나게 일하려면 지시, 명령, 지적하지 말고 묻고, 상의하고, 의견을 듣는 리더가 돼야 합니다.

— 리더는 직원들을 기분 좋게 하고, 감동을 줘야 하고, 동
기부여도 해줘야겠군요. 그렇다면 회장님이 생각하시기
에 가장 신나게 일하고 있는 기업의 실제 사례가 있나요?

아마 일본의 전기 회사 미라이공업(Mirai Industry)이 좋은 사
례가 되지 않을까 싶습니다. 미라이공업 야마다 아키오 회장은
직원들이 하는 일에 전혀 관여하지 않습니다. 한 기자가 회장
실에 찾아갔더니, 회장이 벽에 자기가 좋아하는 연극 포스터를
붙이며 놀고 있었습니다. "회장님이 일은 하지 않고 왜 여기서
이러고 계십니까?"라고 기자가 묻자 회장은 "내가 일 안 해도
회사에 먹을 게 많아!"라고 답했어요. '먹을 게 많다'라는 그의
말은 간섭하지 않아도 직원들이 자기 일을 찾아서 한다는 뜻으
로 해석할 수 있습니다.

미라이공업은 면접을 볼 때 제일 먼저 도착해서 준비한 사
람을 직원으로 채용하고, 직원들의 이름을 쓴 종이를 선풍기
로 날려서 가장 멀리 간 사람을 승진시키는 괴짜 회사입니다.
하지만 이 회사는 연간 매출이 약 2,500억 원이고, 영업이익이
15퍼센트나 되는 강소기업이에요. 일본의 전기설비, 자재 분야
대기업 파나소닉을 제치고 압도적인 시장점유율로 1위를 차지

하고 있습니다.

이 회사는 리더가 일을 시키지 않습니다. 선배는 후배에게 "네가 잘하는 일을 찾아서 하라"라고 합니다. 직원들은 자기가 좋아하는 일, 잘하는 일을 스스로 찾아서 합니다. 지시, 명령 없이 좋아하는 일을 찾아서 하니까 신나고, 그렇게 일하다 보니 성과가 높아지고, 회사는 지속적으로 성장하는 구조입니다. 미라이공업은 직원의 아이디어 제안이 연간 2만 4,000건에 달한다고 해요. 이 회사에서 파는 제품 중 90퍼센트가 특허 제품인데, 직원들의 제안을 등록해 상품화한 것이지요.

앞으로는 새로운 시대에 맞게 리더가 일을 시키는 방식도 달라져야 해요. 직원들이 가장 행복하고, 신나게 일에 몰입할 수 있는 방법을 리더가 찾아서 실천해야 하는 거지요.

리더는 늘 고민을 안고 산다

— 조직을 운영하는 리더는 늘 고민이 있습니다. 회장님은 고민이 있을 때 어떻게 해결하십니까?

리더는 늘 고민을 안고 삽니다. 조직이 커질수록 고민도 커지는 법이지요. 다만 리더는 고민을 가지고 끙끙 앓지 않아야 합니다. 죽겠다, 힘들다는 생각만으로는 해결할 수 없으니까요. 이 상황을 어떻게 변화시킬까, 어떤 방법으로 돌파구를 찾을까를 생각하면서 해결해 가야 합니다.

나 같은 경우는 고민을 해결하기 위해 여러 방면으로 노력을 합니다. 한동안은 멘토를 모시고 조언을 구했습니다. 멘토 중 한 분은 아예 경영을 모르는 신문사 논설위원이었어요. 이분은 제 물음에 답을 준 적이 없습니다. 오히려 "경영은 자네가 더 잘 알지 않나" 하면서 문제와 전혀 관련 없어 보이는 세상의 이치를 알려주셨어요. 그분의 말씀을 들으면서 일을 해결하는 지혜를 배울 수 있었습니다.

또 경영학자인 전 인천대학교 총장 조동성 교수, 과학기술부와 건설교통부 장관을 지낸 오명 장관, GE코리아 CEO 출신 강석진 회장과도 자주 만났습니다. 물론 이분들이 해준 조언대로 모든 것을 결정하지는 않았으나 생각을 넓히고 판단하는 데 큰 도움이 됐습니다. 요즘은 결정을 내리기에 앞서 저와 함께 일하는 대표이사들에게 의견을 묻습니다. 내가 고민하는 일의 실무적인 상황을 가장 잘 알고 있으니까요.

어려운 문제를 독단적으로 결정하지 않습니다. 여러 사람에게 물어보고, 그들의 의견과 생각을 듣고 난 후에 최종 결정을 내립니다.

— 그렇게 여러 사람에게 질문하고, 의견을 구하는 이유가 있나요? 윤 회장님 정도의 경험과 연륜이면 충분히 혼자 결정하실 수 있을 것 같습니다.

그렇지 않아요. 나 혼자 생각하고 결정하면 한쪽으로 치우칠 수 있거든요. 나는 공정하고 바르게 결정을 하려고 늘 노력합니다. 나는 한 조직의 최고 책임자이기 때문에 내가 의견을 내거나 명령을 하면 아랫사람들은 반대하기 어려울 거예요. 하지만 결정하기 전에 의견을 물으면 대개는 솔직하게 자신의 생각을 말합니다. 여러 사람의 다양한 생각을 듣는 것이 판단에 도움이 됩니다. 그 의견을 바탕으로 회장으로서 최선의 결정을 하는 거지요.

— 일반적으로 조직은 피라미드 구조이니 직급이 올라갈수록 실무에서 멀어지고 관리만 하는 경우가 많은데요. 리더의 자리에서도 실무 지식과 전문성을 유지하고 계발하려면 어떻게 해야 할까요?

리더가 되더라도 전문성을 갖추기 위해 끊임없이 공부해야 해요. 그런데 리더가 많이 안다고 해서 직원들의 업무에 계속 관여하면 오히려 마이너스가 됩니다. 관여가 아니라 코칭을 해줘야 해요. 해당 분야에 대해서 잘 알면 사소한 부분까지 관여하고 싶고, 그렇게 해야 존경받는다고 생각할 수도 있지만 리더가 박식하다고 해서 직원들이 좋아하는 건 아니에요.

— 사람들이 모여 일하는 곳에는 다툼, 분쟁이 생기기 마련입니다. 특히 조직에서는 팀원과 팀장과의 갈등이 가장 많이 일어나지요. 팀장을 견디지 못해 회사를 그만두는 경우도 많고요. 윗분들이 보기에는 문제가 없는데, 팀원들이 불만이 있다면 본부장이나 사장은 어떻게 대처해야 할까요?

그런 경우라면 그 팀장은 리더십에 문제가 있는 것입니다. 팀장 스스로는 전혀 문제가 없다고 생각하기 쉬워요. 업무적으로는 성과가 있으니까 일을 잘하고 있다고 믿어 의심치 않습니다. 아랫사람들이 괜히 불평한다고 생각하고 의견을 무시해 버려요.

하지만 직원들 입장에서는 무척 힘들 거예요. 팀장이 결정해야 하는 문제를 회피한다거나, 책임을 안 진다거나, 앞에서 하는 이야기와 뒤에서 하는 행동이 다르면 팀장을 존경할 수 없어요. 팀장이 자신의 말과 경험을 과신해 팀원들의 의견을 무시하거나, 팀원들이 노력한 결과를 자신이 한 것처럼 거짓으로 꾸민다면 더 열심히 일할 의욕이 생길까요?

본부장이나 사장이 이런 점을 팀장에게 지적하면, 팀장은 그제야 팀원들에게 잘해주겠다고 결심해요. 팀원들을 불러 회식을 하고, 선물을 주는 식이지요. 여느 때라면 팀원들도 무척 고맙고 기분 좋겠지만, 이미 불만이 생긴 뒤라 '이런 것보다 근본적인 문제를 해결해 달라!'라고 생각할 거예요.

팀장은 팀원들이 신나게 일할 수 있는 근무 환경을 만들어야 할 의무가 있어요. 단발성 이벤트로는 마음을 얻을 수 없어요. 팀원들이 자기 때문에 자꾸 그만두고 불만이 있는데도 아무 문제를 인식하지 못한다면 그 사람은 리더의 자질이 없는 거예요. 이런 상태에서는 팀도, 팀장도 더 발전할 수 없어요. 팀장 자신이 문제를 인식하고 바뀌어야 해요. 사장이나 본부장은 팀장이 바뀔 수 있도록 자극을 주고 팀원과의 관계를 개선할 수 있는 기회를 줘야 합니다.

— 그렇다면 어떤 팀장이 유능하면서도 함께 일하고 싶은 리더일까요?

매력 있는 사람이지요. 매력 있는 사람 주변에는 사람들이 모여요. 진심이 있는 사람에게 아랫사람들이 따릅니다. 신뢰가 있고, 진심이 있는 사람. 약속을 반드시 지키고, 혹 지키지 못한다면 그 이유를 설명하고 대안까지 마련해서 팀원들을 이해시키는 사람이 매력 있는 리더입니다. 리더는 아랫사람들의 존경을 받고, '나도 저렇게 되고 싶다'라는 롤모델이 돼줘야 합니다.

— 기업과 일을 하면서 정말 똑똑하고 성실한 분들을 자주 뵙습니다. 그 회사의 인재들이시지요. 그런데 정말 열심히 일하는데, 방향을 제대로 잡지 못하는 리더도 있습니다. 성실하지만 약간 업무적인 능력이 부족하다고 할까요. 회장님은 이런 분들을 어떻게 변화시키고, 업무 성과를 끌어내셨나요?

사실 그런 사람들이 기업의 가장 큰 고민거리입니다. 그런 사람들은 인성이 좋으니까 직원들이 잘 따라요. 동료, 선후배 경조사에 빠짐없이 참석하고요. 부지런하고 성실해서 나무랄 수 없어요. 하지만 회사에 기여하는 성과가 없어요. 무슨 일을 했는지도 모르겠고, 새로운 일을 믿고 맡기기도 어려워요. 뭔가를 해내는 사람이 아니기 때문에 프로젝트를 맡기면 결과 없이 흐지부지돼 버리거든요.

그런 사람들은 자신이 일을 많이 하는데 회사가 알아주지 않는다고 착각을 해요. 성실한 사람들은 애사심이 강한 경우가 많아요. 성과가 없는 상태에서 애사심만 높은 것은 도움이 되지 않습니다. 운동선수가 대회에 나가서 메달을 따야 결과가 있는 것이지, 매일 훈련만 열심히 받으면 무슨 소용입니까?

예전이야 그간의 관계를 고려해서 봐주기도 했지만, 이제는 정으로 덮고 가는 시대가 아니에요. 이런 사람들은 생각을 바꿔줘야 해요. 스스로 변하지 않으면 아무것도 달라지지 않아요. 상사가 문제를 심각하게 인식하고 코칭을 통해 생각을 변화시켜야 합니다. 인간성이 좋다고 능력까지 보장되는 것은 아닙니다. 기업은 까다롭고 인기 없어도 결과를 만들어 내는 사람을 선호합니다. 성과 없이 성실하기만 한 사람들은 앞으로 조직에서 살아남기 힘들 거예요. 기업에는 능력 있는 사람이 필요하지, '마음 좋은 아저씨'는 필요하지 않아요.

— 요즘은 어느 회사나 중간관리자들이 힘들다고 합니다. 팀원들은 자신의 성과를 적극적으로 내세우려고 하면서도, 힘든 일에 대한 책임은 중간관리자인 팀장들에게 넘긴다고 하지요. 이런 젊은 세대와 함께 일하는 팀장들에게는 어떤 자세가 필요할까요?

간단해요. 팀장이 생각을 바꾸면 됩니다. 아직도 권위주의적인 생각을 가지고 있다면 문제예요. 과거에도 나이 든 사람들은 "요즘 젊은 애들을 보면 앞으로 나라가 망하겠다"라고 말했어요. 그런데 망하지 않았고 오히려 발전해 왔습니다. 팀장이 예전에 하던 것을 답습하려는 생각을 버리고 요즘 직원들의 사고방식이 달라졌다는 사실을 받아들여야 합니다.

다만 예전이나 지금이나 변하지 않은 게 있어요. 팀원들이 팀장을 좋아하게 만들면 모두 뜻대로 된다는 겁니다. "팀원들이 잘해준 덕분에 나도 잘됐다"라고 말할 수 있다면 서로가 좋은 겁니다. 팀장의 지시에 따라 일했는데 공이 자신에게 돌아온다고 느끼면 그 직원은 팀장을 좋아하고 따르게 될 거예요. 팀장이 팀원 때문에 힘들다고 생각하면 발전이 없습니다. 예전에도 팀원들은 자신의 성과를 내세우길 원했지만 그걸 표현하지 못했고, 요즘 직원들은 노골적으로 말하는 것이지요. 새로운 세대의 모습은 바로 그 시대의 흐름입니다. 젊은 직원들이 이상하다고 생각하면 본인만 힘들 뿐이에요. 팀원들과 함께 호흡하고 지금 시대에 맞춰갈 때 훨씬 행복하겠지요. 팀장은 본인의 행복을 위해서라도 생각을 바꿔야 합니다.

개인의 성장이 조직의 발전으로

— 요즘은 회사의 발전과 개인의 성장을 일치시키지 않고 "월급만큼만 일하겠다"라거나 "회사에 다니는 건 사노비"

라고 말하는 직원들이 의외로 많습니다. 이런 직원들이 업무에 몰입하게 하는 방법은 어떤 게 있을까요?

사람은 멀리서 일어난 대형 사고보다 내 손에 난 작은 상처에 더 관심을 둡니다. 직원들에게 "회사가 잘돼야 직원들도 잘된다"라는 식으로 말하는 건 통하지 않아요. 과거에는 조직이라는 큰 단위가 기준이었다면 이제는 개인이 중심이 됐습니다. 더 이상 회사를 위해 헌신하는 시대가 아니에요. 젊은 직원들은 회사의 발전보다 자신의 능력 향상을 우선시하니 이제는 회사가 개인의 변화를 선도하는 게 중요합니다. 그렇게 개인이 발전하면 자연히 회사가 잘되는 것입니다. 자꾸 숙제를 주고 새로운 업무를 경험하게 하면서 1년 전과 현재를 비교했을 때 스스로 발전하고 있다는 생각이 들게 해줘야 합니다. 무엇을 좋아하는지 살펴본 뒤 좋아하는 일을 하게 해주고 더 많은 기회를 주면 신이 나서 일할 거예요. 그렇게 하지 않아서 직원들이 업무에 몰입하지 못한다면 시대에 맞지 않는 리더들이 문제인 것이지요. 요즘 세대를 탓할 일이 아닙니다.

— 회장님의 말씀을 들으니 패러다임이 바뀌었다는 생각이 듭니다. 예전에는 조직의 성장이 중요했지만 이제는 개인의 성장이 조직의 성장으로 이어지는 것이네요. 그리

66

직원들에게 "회사가 잘돼야
직원들도 잘된다"라는 식으로
말하는 건 통하지 않아요.

99

66

새로운 업무를 경험하게 하면서
1년 전과 현재를 비교했을 때
스스로 발전하고 있다는
생각이 들게 해줘야 합니다.

99

고 요즘 MZ세대를 만나 보면 어렵게 직장에 들어갔지만 적성에 맞지 않는다는 이야기를 자주 합니다. 아예 다른 일을 하는 부서로 옮기고 싶어 하는 경우도 많고요. 회장님은 이럴 때 어떻게 처리하시나요?

우리 회사도 그런 경우가 꽤 있어요. 영업직으로 뽑았는데 홍보 팀으로 가고 싶어 한다면 나는 그 직원이 원하는 곳으로 옮겨주는 것이 옳다고 생각해요. 인사 담당자는 홍보 팀에 이미 정원이 차서 어렵다며 반대하겠지요. 나는 어느 한쪽에 인원이 몰리더라도 상관없다고 생각해요. 앞으로는 여러 분야에서 고르게 3등을 하는 회사보다 꼭 필요한 분야에서 세계 1등을 하는 기업이 훨씬 경쟁력이 있을 거예요. 사람은 자신이 좋아하고, 잘할 수 있는 일을 해야 즐거워요. 그런 직원들이 모였을 때 회사의 성과도 높아지고요. 그러니 회사의 발전을 위해서라도 개인의 취향과 적성을 존중해 줄 필요가 있습니다.

— 요즘 직원들은 잔소리나 직접적으로 피드백 듣는 것을 싫어합니다. 그래서 팀장들은 세대 차이가 많이 나는 팀원들에게 피드백을 하는 것이 어렵다고 하는데요. 윗사람이 아랫사람에게 효과적으로 피드백을 줄 수 있는 방법이 있을까요?

요즘만 그런 게 아니라 예전에도 잔소리는 싫어했어요. 달라진 점이라면 과거에는 싫어도 꾹 참았다면 요즘은 그렇지 않는다는 것이지요. 나도 어렸을 때 어른들의 잔소리를 듣는 게 참 싫었어요. 그때는 반발하지 못했는데 요즘 세대는 다릅니다. 기본적으로 사람들은 잔소리를 싫어하지만 자신에게 도움이 된다고 생각하면 귀를 기울여요. "무조건 내 이야기는 들어라"라고 해서 되는 시대는 지났습니다. 이제는 같이 호흡하는 문화를 만들어야 하고 그러기 위해서는 리더가 능력을 키워야 해요. 팀장이 팀원들보다 더 많이 공부해서 조언해 줄 수 있어야 합니다. 속도감 있게 미래를 내다보는 감각이 중요해요. 윗사람이 과거를 자꾸 회상하면 아랫사람은 참 답답한 상사로 보겠지요. 윗사람이 달라지면 아랫사람도 달라집니다. 팀장이 정보력을 갖추기 위해 노력하고 타인을 배려하는 인간적인 모습을 보여주면 아랫사람은 그 팀장을 따르고 좋아할 거예요.

— 요즘 젊은 세대는 멘털이 약하다는 평가를 많이 듣습니다. 업무가 힘들고 능력이 그에 미치지 못한다는 생각이 들 때 멘털이 흔들리곤 하는데요. 이런 직원들에게는 어떻게 도움을 줄 수 있을까요?

과거와 비교해 보면 요즘 젊은 세대는 조그만 일에도 자극을 많이 받고 우울해하거나 불안해합니다. 이건 좋은 현상은 아니라고 생각해요. 나는 환경적인 영향이 크다고 봅니다. '혼밥'이 자연스럽고 친구가 별로 없는 환경은 멘털에 도움이 되지 않아요. 그래서 어렸을 때부터 부모가 자식에게 공부만 시킬 게 아니라 친구들과 어울려서 함께하는 운동을 장려할 필요가 있다고 생각해요. 교사나 부모가 그렇게 학생들을 이끌어 줘야 합니다.

기업은 인성교육을 통해 생각을 바로잡아 주고, 의욕을 가질 수 있게 해줘야 합니다. 어려운 환경 속에서도 의지와 노력으로 성공한 사람들의 예도 자주 보여주고요. 돈이 많고 지위가 높은 사람과 자꾸 비교하면 불행해집니다. 인성교육은 사람의 행복을 만들어 주는 과정이지요. 자신이 더 잘할 수 있는 부분도 있으니 꿈을 가지고 긍정적으로 생각하면 변화할 수 있습니다. 마지막으로 신체 건강과 정신 건강은 서로 뗄 수 없으니 운동을 하면서 몸을 건강하게 하는 것도 중요합니다.

직원들을 변화시키고 싶다면

― 소심한 성격 때문에 남들에게 싫은 소리를 못하는 사람들이 있습니다. 부하 직원에게 업무상 냉정하게 피드백

을 해야 할 때도 있는데요. 이때는 어떻게 해야 할까요?

일을 하다 보면 부하 직원이 하는 일이 마음에 들지 않을 때가 있습니다. 그럴 때는 질문하는 것이 해결책이 될 수 있어요. "이 프로젝트를 기획하게 된 배경이 있나요?", "어떤 부분이 가장 힘들었나요?" 등 내 관심을 표현하고 스스로도 고민해 볼 수 있는 질문을 하면 됩니다. 질문을 많이 할수록 사이가 가까워져요. 싫은 소리 못 해서 혼자 일한다는 사람은 예술인은 될 수 있지만 리더는 될 수 없습니다. 리더는 다른 사람을 거느리고 키울 줄 알아야 한다는 사실을 명심하기 바랍니다.

— 능력은 뛰어난데 이기적이라거나, 평소 성품은 좋은데 업무 마감 등 약속을 잘 지키지 않는 등 조직에서 문제를 일으키는 직원이 있습니다. 이렇게 부족한 점들이 보이는 경우 어떻게 관리해야 효과적일까요?

그럴 때 가장 중요한 것은 하나하나 고치려고 들면 안 된다는 거예요. 잔소리로는 사람을 바꿀 수 없어요. 엄마가 잔소리한다고, 아이들이 달라지나요? 스스로 생각해서 바꾸도록 유도하는 것이 효과적입니다.

나 같은 경우에는 고치고 싶은 직원들의 생각, 행동이 있을 때 전부 메모를 했어요. 그리고 교육할 때 한꺼번에 이야기를 해요. 어떤 특정한 사람을 지적하는 것이 아니라 여러 사람들이 생각해 볼 수 있는 기회를 만드는 거지요. 가령 지각을 하는 직원이 많이 보이면 그 자리에서 혼내기보다는, 월례 조회 같은 때 전체를 대상으로 이야기해요. "요즘 지각을 하는 직원들이 많은데, 조금 일찍 출근해서 여유롭게 하루를 시작하는 것이 좋지 않겠습니까?"라고요. 그리고 "차가 막혀서 늦었다고 핑계를 대는데, 똑같은 조건에서 일찍 온 사람도 있습니다. 늦게 나서는 습관을 바꾸는 노력이 필요합니다"라고 말해요. 그럼 지각을 했던 직원은 직접 지적을 받은 것은 아니지만, '내 이야기를 하는구나!' 하며 행동을 조심하게 되지요.

이런 지적을 할 때도 칭찬과 지적의 비율을 섞어서 6 대 4에서 7 대 3 정도로 조절해야 합니다. 너무 혼내듯이 지적하면 듣는 사람이 기분 나빠 하면서 집중하지 않거든요. 자부심을 느낄 수 있는 이야기, 밝은 이야기를 하고 그 안에 지적 사항을 적절히 섞는 기술이 필요합니다.

— 교육을 통해 문화를 바꾸는 것이 중요하다는 말씀이군요. 그렇더라도 특정한 사람을 야단쳐야 할 때가 있지 않습니까? 때로 일을 잘하라고 혼냈는데 오히려 역효과가 나서 서로 관계가 소원해질 때도 있고요. 회장님의 경우

는 어떠셨나요?

아랫사람에게 화를 내거나 야단을 쳐야 할 때가 있지요. 리더가 화도 안 내고 마냥 좋기만 한 것도 조직에는 이롭지 않습니다. 필요하다면 단호하게 혼내고 더 나은 결과를 만들도록 유도해야지요.

나도 화를 낼 때가 있습니다. 새로운 생각 없이 관성적으로 일하거나, 상식 이하의 행동을 했을 때 아랫사람을 야단칩니다. 때로는 화를 내고 나서 그 사람이 조금 안쓰럽게 느껴지기도 하는데, 그렇더라도 미안하다고 사과를 하지는 않습니다. 리더의 권위가 떨어질 수도 있기 때문입니다.

그렇다고 그냥 두면 그 사람은 돌아가서 큰 고민에 빠질 것입니다. '회장에게 찍혔으니 이제 회사를 그만둬야 하나?', '지난번에 잘한 것도 있는데, 이번에 조금 잘못했다고 혼을 내다니 섭섭해!', '이렇게 혼났으니 이번 승진은 틀렸어!' 등 아마 별별 생각을 다 할 것입니다.

나는 그날을 넘기지 않고 화해를 시도합니다. 화를 냈던 사람에게 전화해서 그 일 말고, 다른 일을 주제로 이야기를 합니다. 그 사람이 잘했던 일을 묻거나, 내가 고민 중인 다른 일에 대한 의견을 물어서 그 사람의 마음을 풀어줍니다. 그래야 회장에게 찍혔다고 생각하지 않고, 다시 일할 의욕을 얻을 수 있을 테니까요. 내 방법이 절대적인 것은 아니지만 혼내는 것만큼, 마음을 풀어주는 방법 또한 중요합니다.

— 직원들 사이에 옳고 그름 혹은 의견 차이 때문에 분쟁이 일어날 때가 있지 않습니까? 어느 한쪽을 편들기도 쉽지 않습니다. 직원들 사이 다툼이 발생할 때, 리더는 어떻게 해결해야 할까요?

흔히 잘잘못을 당사자들 앞에서 따져 억울함이 없도록 명백하게 정리하는 것이 좋다는 사람도 있습니다. 혹은 잘못한 사람이 창피할 수 있으니, 따로 불러 개인적으로 야단을 치거나 충고하는 편이 현명하다고 말하기도 합니다. 나는 조금 다르게 접근합니다. 이런 상황을 해결하는 가장 좋은 방법은 바로 '교육'이라고 생각합니다. 그 자리에서 바로 야단치지 않고, 집단에 대한 종합적인 교육을 통해서 근본적으로 이런 분쟁이 발생하지 않도록 관리해 나가는 것이지요.

리더의 자기 관리

— 리더들은 업무가 과중하고, 큰 스트레스를 받다 보니

건강을 해치기 쉽습니다. 멘털이 흔들리는 경우도 자주 있고요. 리더는 어떻게 건강을 관리해야 할까요?

리더의 건강 관리는 의무 사항입니다. 조직을 이끄는 사람이라면 자신의 건강을 잘 가꾸는 것도 중요한 업무이지요. 리더의 건강 관리는 올바른 음식 섭취와 운동, 그리고 긍정적인 정신력이 조화를 이뤄야 합니다.

우선 무엇을 먹는가가 중요합니다. 나는 요즘 구운 마늘을 열 개 정도 매일 먹습니다. 마늘이 면역력을 높이는 데 효과가 있다고 해요. 리더는 건강에 좋은 음식, 자신의 체질에 맞는 음식을 찾아서 잘 먹어야 합니다. 더 먹고 싶어도 절제하며 적절한 체중을 유지해야겠지요.

리더에게는 운동도 필수입니다. 즐겁게 자신의 나이, 건강 상태에 맞는 운동을 해야 합니다. 일본인 의사가 쓴 『뇌내혁명』을 보면 모든 운동이 효과적이지는 않다고 합니다. 행복한 마음으로 하는 운동은 효과가 높지만, 억지로 하기 싫은 운동을 하면 건강에 도움이 되지 않는다고 해요. 나는 매일 1시간 이상 걷고, 일주일에 두세 번은 필라테스를 합니다. '지금 내 몸이 건강해지고 있다!'라고 생각하며 행복한 마음으로 운동을 해요.

마지막은 정신력입니다. 리더는 큰일을 하는 만큼 엄청난 스트레스를 받습니다. 회사에서 가장 어렵고 힘든 일을 회장에게 가져오지 않습니까? 그런데 바꿔 생각해 보면 회장이니까 당연히 어려운 일을 해결해야 합니다. 높은 지위를 누리는 만큼 책임과 역할도 큰 법이니까요.

살아 있는 한 누구나 스트레스를 받아요. 세상을 떠나신 분에게 "아무 걱정 없는 곳으로 가십시오" 하잖아요. 스트레스가 있다는 것은 살아 있다는 증거입니다. 일이 힘들고 어렵다고 스트레스를 받기보다는, '내가 중요한 사람이라 이렇게 어려운 과제가 주어졌구나. 잘 해결해 봐야지! 나는 경험이 많으니까 잘 해낼 수 있을 거야'라고 생각하는 편이 훨씬 건강에 이롭습니다. 일을 해결해 나가는 데 도움이 되는 것은 물론이고요.

높은 자리에 올라갔다는 것은 그만큼 스트레스가 많아진다는 뜻입니다. 나라고 힘들고 괴로운 일이 왜 없겠어요. 하지만 나는 그 일로 괴로워하기보다는 어떻게 해결할 것인지 방법을 찾고, 나는 할 수 있다고 긍정적으로 생각하면서 건강을 관리합니다.

— 리더가 되고 나면 여기저기서 부탁을 하는 사람들이 너무 많다고 해요. 그들의 요구를 다 받아줄 수 없고, 무조건 거절할 수도 없으니 괴로운 일이지요. 거절을 잘하는 방법도 있을까요?

회사를 경영하다 보면 정말 수많은 사람들이 부탁을 해요. 납품, 인사 등 종류도 다양합니다. 그런데 가만 생각해 보면 그 대상자나 업체가 경쟁력이 떨어지니까 부탁을 하는 거예요. 대단한 인재면 다른 기업에서도 서로 데려가려고 하지, 왜 내게 취직을 부탁하겠어요. 이때 무조건 부탁을 들어주면 기업 경쟁력이 떨어지고, 들어주지 않으면 부탁한 사람과 관계가 나빠질 수 있어요. 그래서 기준을 명확히 해놓을 필요가 있습니다.

한번은 지인으로부터 디자인 협력 업체로 일하게 해달라는 부탁을 받았어요. 그에게 "우리 회사에서 국내에서 디자인을 가장 잘하는 회사를 다섯 개 뽑을 텐데, 그 안에 당신 회사가 들어가면 선택을 고려하겠다"라고 했어요. 실무자에게 명확한 기준을 세워서, 우리나라에서 가장 디자인을 잘하는 회사를 다섯 개 찾게 했는데, 그 회사가 포함되지 않았어요. 우리 회사가 정한 기준에 맞지 않으니까, 당연히 거절했지요. 그랬더니 부탁했던 사람도 이의를 달 수 없었어요.

지금까지 경영하면서 "회장이랑 아는 사이니까 해줘라"라고 회사에 지시한 적이 없어요. 대신 우수한 업체를 선정하는 규정을 만드는 데는 관여했습니다. 우리가 세운 기준에 합당하다면 실무자와 만나게 해줘요. 물론 최종 선택은 실무 책임자가 여러 상황을 고려해서 내리지요.

상대에게 부탁을 들어줄 것처럼 해놓고 대충 얼버무리지 않아요. 그럼 상대는 되는 줄 알고 희망을 품었다가 더 실망하거나 나를 원망합니다. 누구나 수긍할 수밖에 없는 확고한 기준을 세우고, 그에 맞지 않아 거절하면 섭섭하더라도 대개는 받아들입니다.

혁신은 위에서 아래로 흐른다

— 2018년 회장님이 펴내신 『사람의 힘』에서 "혁신은 CEO가 하고, 개선은 직원이 한다"라는 말이 인상적이었습니다. 혁신을 통찰하는 깊은 뜻이 담긴 말인 듯합니다. 이 말의 의미를 조금 더 설명해 주십시오.

대부분 혁신을 할 때 사장은 직원들에게 "혁신적인 아이디어를 가져오라"라고 해요. 직원들은 사장이 지시하니까 몇 가지 준비를 해서 보고하겠지요. 혁신은 이런 방식으로는 성공하기 어려워요. 혁신은 위에서 아래로 흐르는 톱다운(Top-down) 방식이 더 적당한 거 같아요. 혁신은 CEO가 하는 것이기 때문이에요. CEO가 시간이 걸리더라도 전사적으로 가치 있는 일을 혁신과제로 삼아야 합니다. CEO는 보고만 받으면서 직원들에게 혁신하라고 지시하면 아무것도 달라지지 않아요. 제대로 혁신하려면 CEO가 혁신 매니저가 돼 실행하고, 직원들은 개선하는 역할을 맡아야 해요.

창업 초기에 어린이책을 만들 때 편집자들이 사회의 어두운 면을 보여주는 책들을 기획하더군요. 일찍 부모를 여의고 고생하는 아이, 극복하기 힘든 장애를 가진 아이, 판잣집에서 살며 물 긷는 아이 이야기를 가져왔어요. 사회가 얼마나 어두운지를 어린이들에게 알려줘야 한다는 거예요.

나는 아이들에게는 꿈과 희망을 줘야 한다고 생각했어요. 어렵고 힘든 상황일수록 아름다운 모습을 더 많이 보여줘야 한다고요. 처음에는 편집자들이 내 뜻에 동의하지 않았어요.

그때 내가 미국, 독일, 프랑스, 이탈리아, 스웨덴, 일본에 가서 아이들이 가장 많이 읽는 책, 그 나라의 국민들이 제일 좋아하는 어린이책을 가져와 보여줬어요. 선진국의 어린이책은 자민족의 우수성, 자문화에 대한 자부심을 심어주는 내용이 대부분이거든요. 책을 함께 보면서 토론하고, 의견을 나누는 과정에서 편집자들의 생각이 점차 변했습니다.

아마 내가 편집자들에게 생각을 바꾸고 다른 기획을 가져오라고 지시만 했다면『어린이 마을』같은 초히트 상품은 나오지 못했을 거예요. 사장이 혁신을 주도하고, 참여를 이끌어 냈기 때문에 혁신적인 제품이 나올 수 있었어요. 그래서 혁신은 가장 위에 있는 CEO가 기획하고, 구체적인 실행과 개선은 직원

"

혁신은 위에서 아래로 흐르는
톱다운방식이 더 적당한 거 같아요.
CEO는 보고만 받으면서 직원들에게
혁신하라고 지시하면
아무것도 달라지지 않아요.
제대로 혁신하려면 CEO가
혁신 매니저가 돼 실행하고,
직원들은 개선하는 역할을 맡아야 해요.

"

들이 해야 할 몫이라고 표현한 거예요.

— 회장님의 설명을 듣고 나니 혁신과 개선의 개념이 정리됩니다. 혁신은 창의력을 기반으로 CEO가 기획하는 것이라는 생각도 들고요. 그렇다면 혁신과 개선은 어떻게 구분해야 할까요?

우선 규모로 구분할 수 있습니다. 원가를 50퍼센트 줄이면 혁신이라고 하고, 5퍼센트쯤 줄였다면 그것은 개선이라고 합니다. 원가를 5퍼센트 줄이는 것도 보통 일이 아닙니다. 정말 뼈를 깎는 고통이 필요해요. 그런 직원들에게 원가를 반으로 줄여보자고 하면 다들 어이없어할 거예요. '말도 안 되는 소리'라고 반발도 하고요.

그런데 CEO는 계속 그런 말을 할 필요가 있어요. 오늘 오전에도 나는 상품 개발자를 만나서 혁신에 관한 이야기를 나누다가 제품 원가를 반으로 줄여보자고 했어요. 물론 나는 세세한 기술은 잘 모르니까 정말 반으로 줄일 수 있을지는 알 수 없어요. CEO로서 그에게 높은 목표를 주는 것이지요. 처음에는 말도 안 되는 소리로 들리겠지만 계속 이야기를 나누다 보면 '한번 해보겠다', '될 수도 있겠다'라고 생각을 바꾸기 시작해요.

그렇게 과감하게 도전하지 않으면 혁신은 일어나지 않아요.

개발자가 원가를 10퍼센트 줄이는 것은 개선에 머무는 일이에요. 혁신은 근본이 바뀔 만한 새로운 개발입니다. 공기청정기를 개발할 때 필터를 경쟁사보다 조금 좋은 기능으로 바꾸는 것은 개선이에요. 만약 감기 바이러스를 잡는 필터를 개발했다면 그건 세상을 뒤바꿀 혁신이에요. 혁신은 불가능해 보이는 일을 가능한 일로 만들어 내는 것입니다. 혁신을 시작할 때는 가능성이 눈에 보이지 않아요. CEO가 불가능하다고 생각하면 혁신은 시작될 수 없어요. 막연하지만 가능할 것이라 믿고, 앞으로 나아가는 것이 혁신입니다.

30년 전에 "필름 없이 사진을 찍는 카메라를 만들라"라고 했다면 직원들은 사장이 미쳤다고 생각했을지도 몰라요. 불가능한 일로 여기면서 필름 같은 소모품 가격을 줄일 수 있는 작은 개선 방법들을 찾아왔겠지요. 하지만 누군가는 '필름 없이 사진 찍는 카메라'가 가능할 것이라 꿈꾸고 앞으로 나아갔어요.

곧 무인 자동차가 상용화된다고 하지요? 이것도 몇 년 전까지 불가능한 일로 여겼어요. 사고가 나면 어떻게 하느냐는 걱정이 앞섰지요. 요즘은 인공지능기술로 안전성을 확보해 가고 있습니다. 처음 무인 자동차를 생각했던 사람은 '미친 사람' 취급을 받았을 거예요. 하지만 누군가는 '가능할 수도 있겠다'라고 생각하고 시작했어요. 결국 혁신을 이뤄낸 것입니다. 이런 생각은 CEO가 해야 합니다. 기술을 개발하고, 제품을 만드는 것은 CEO의 꿈을 믿는 직원들, 연구원들이겠지요.

토끼가 살고 있다고 믿던 달에 직접 가보겠다는 꿈을 꿨고, 1969년 비로소 달에 갔어요. 달에 도착한 우주선 이름이 '아폴로 11호'인 이유가 이전에 우주선 실험을 열 번이나 실패했기 때문이래요. 불가능한 일은 없어요. 불가능하다고 생각해서 포기하고, 도전하지 않을 뿐이지요.

혁신은 근본적인 변화를 만드는 것입니다. CEO는 미래를 꿈꾸고 혁신으로 이뤄내는 사람입니다. CEO의 상상력, 적극성, 가능성이 혁신을 만듭니다.

— 혁신은 근본적인 변화를 만드는 것이고, CEO의 상상력이 만들어 낸 결과라는 말씀이 마음에 와닿습니다. 기업에서 사장이 직원들에게 "혁신적인 아이디어 가져와라"라고 하는 것이 어찌 보면 조금 무책임할 수도 있고, 혁신의 본질을 이해하지 못하고 있기 때문인 것 같습니다.

사람들은 자신이 속한 범위 내에 머무르려는 경향이 있어요. 한계를 벗어나기를 두려워하지요. CEO는 한계를 걷어내고, 그 범위를 뛰어넘었을 때를 상상하도록 해줘야 합니다.

예전에 『어린이 마을』을 선보였을 때 처음에는 잘 팔리지 않았어요. 너무 획기적인 책이다 보니 고객이 받아들이기까지 시간이 필요했던 것 같아요. 하루는 방문판매 책임자가 와서 『어린이 마을』이 안 팔려서 힘듭니다" 하더군요. 그때 내가 그랬어요. "새로운 방법을 찾아 다시 한번 해봐라. 이번에 잘하면 앞으로 당신은 허리가 아파서 돈을 다 줍지 못할 정도로 많은 돈을 벌 것이다"라고요. 그 책임자는 황당했을지도 몰라요. 당장 책이 팔리지 않고 판매인들이 그만둬서 고민인데 내가 그렇게 말하니까요.

그는 고개를 갸우뚱하면서 돌아갔어요. 그 뒤로 열심히 방법을 찾더라고요. 조직 구성을 달리해 보고, 교육 내용도 바꾸더니 끝내 해내더라고요. 내가 '허리가 아파서 돈을 다 주울 수 없을 만큼 돈을 벌 것'이라고 한 것이 그에게는 목표가 됐던 것 같아요. 결국 그 책임자는 자신의 한계를 훌쩍 뛰어넘어 『어린이 마을』로 엄청난 실적을 올렸어요. 어마어마한 수입도 얻었고요.

개선과 혁신, 두 마리 토끼를 잡는 법

— 기업 컨설팅을 하다 보면 "당장 실행이 가능한 아이디어를 주세요"라고 요청하는 기업들이 많아요. 빠르게 효과를 얻고 싶으니까 장기 프로젝트에는 관심이 없습니다.

혁신이 성공하기 어려운 이유가 대부분 장기 과제라서 가시적인 성과를 얻기까지 상당한 시간이 걸리기 때문이 아닐까요?

아무래도 대표이사 임기 내에 눈이 보이는 결과를 만들어야 하니까 그럴 거예요. 그래서 혁신을 할 때는 개선 활동도 동시에 해야 효과적입니다. 긴 시간이 걸리는 혁신 과제를 수행한다고, 현재의 업무를 멈추는 것은 무모한 일입니다. 단기간에 성과를 보는 개선도 멈춰서는 안 됩니다. 필름 없는 카메라를 개발한다고, 기존 필름 카메라 생산을 소홀히 해서는 안 된다는 말이에요. 필름 카메라는 그것대로 비용을 줄이고, 성능을 높이는 노력을 꾸준히 하면서, 미래를 위해 필름 없는 카메라를 개발해 나가야 합니다.

작은 개선들을 통해 즐거움을 느껴야 혁신도 지속할 수 있어요. 즉각 성과가 나지 않는 혁신 활동만 하다 보면 지쳐서 포기해 버리기 쉬워요. 그리고 때로는 개선을 하다가 혁신의 아이디어로 발전하기도 합니다.

— 혁신의 효과를 극대화하려면 개선과 혁신을 투 트랙(Two track)으로 진행해야 한다는 말씀이시군요. 혁신은 인내심이 필요한 일인 것 같습니다. 그래서 CEO가 프로

젝트 매니저가 될 수밖에 없고요. 조금 막연한 질문 같습니다만, 혁신을 하려면 어떤 일부터 시작해야 할까요?

혁신을 할 때 "남들이 혁신하니까 우리도 한번 해보자", "경쟁사에서 새로운 제품을 만들었으니 우리도 유사한 제품을 만들어 보자"라는 식이면 근본적인 혁신을 할 수 없습니다. 아예 출발부터 달라야 하고, 목표도 월등히 높아야 합니다.

나는 혁신을 할 때 '혁신 책임자를 누구로 정할까?'부터 생각합니다. 사람을 정하는 것이 출발이라고 생각해요. 똑같은 일도 누가 책임을 맡느냐에 따라 조직원들의 자세도 달라지고, 성공과 실패가 뒤바뀌기도 하잖아요.

대개 기업에서 책임자를 정할 때는 공부를 많이 한 사람, 성실한 사람을 선호해요. 혁신 책임자를 뽑는 기준은 조금 달라요. 엉뚱한 꿈을 꾸고, 긍정적인 마인드를 지닌 사람이 좋아요. 호기심이 많고, 어려움을 겪어도 좌절하지 않고 다시 부딪치는 사람이 혁신 업무에 더 잘 맞아요. 그리고 아랫사람들에게 신뢰가 있어, 조직원들이 믿고 따르는 사람이어야 해요. 그래야 지치지 않고 즐겁게 일을 하거든요.

예전에 웅진식품이 한창 어려울 때 37세의 기획실 부장을 대표이사로 발탁했어요. 모두들 식품 사업이 안 된다고 할 때, 사업을 포기하자고 할 때 그 사람만 "할 수 있습니다. 제가 바꿔 놓겠습니다" 했거든요. 다른 임원들은 반대했지만 그를 대표이사로 선임했지요. 그런데 그가 회사를 맡은 지 1년 만에 매출이 열 배 이상 늘었어요.

혁신은 스펙 좋고, 성실한 사람보다 세상을 긍정적으로 보는 사람, 조직을 잘 이끄는 사람, 한번 시작한 일은 끝장을 보는 사람은 기어이 해낸다는 것이 내 경험입니다. 혁신의 시작과 끝은 결국 '사람'이에요.

— '혁신을 어떻게 시작하는가?'라는 질문이 다소 우문일 수 있다고 생각했는데, 회장님께서 현명한 답변을 주셨습니다. 결국은 혁신도 '조직'이고 '사람'이라는 말씀이니까요. 회장님께서 지금까지 경영을 하면서 혁신을 보여주셨던 범위가 참으로 다양하지요? 웅진코웨이 렌털 서비스는 유통 시스템을 혁신한 경우이고, 출판 분야에서 고학력 여성을 전문판매원으로 육성한 것은 인사혁신에 해당하지 않을까 싶어요. 그렇다면 제품 혁신은 어떻게 시작하셨나요?

나는 혁신을 시도해서 성공도 많이 했지만, 실패도 많았어요. 1997년 IMF 경제위기 때 정말 힘들었어요. 2012년에는 지주회사가 기업회생 절차까지 밟았다가 다시 살아났을 정도니까요. 그래도 혁신을 시도한 것을 후회한 적은 없어요.

도전과 변화에는 언제나 위험이 도사리고 있어요. 위험하다고 도전하지도, 혁신하지도 않는 CEO는 일을 잘하는 것일까요? 그런 CEO는 현상 유지는 할 수 있지만 성장할 수 없어요. 혁신은 도전의 결과입니다. 도전하지 않고 새로운 것을 만들 수는 없어요.

A기업은 위험한 일을 시도하지 않아 안정적이지만, 매해 현상 유지를 하고 있어요. 경쟁사인 B기업은 위험하지만 새로운 도전을 해서 성장하고 있어요. 그렇다면 A기업은 현상 유지를 한 것이 아니라 퇴보했다고 봐야 해요. B가 성장할 동안 제자리걸음을 했으니까요. B가 앞으로 나아가고 있는데 A는 가만히 서 있으면 시간이 지날수록 격차는 커질 거예요. 코닥이 대표적인 예잖아요. 필름으로 세계 1등을 차지하고 있으니까 디지털카메라를 최초로 만들고도 실패할 위험이 있다면서 그 시장에 주력하지 않았어요. 굳이 위험을 감수할 필요가 없었겠지요. 10여 년 후에 경쟁사들과의 격차를 도저히 따라잡을 수 없어 결국 파산했어요. 만약 그때 위험을 감수하고 '필름 없는 카메라'에 집중했다면 어떻게 됐을까요? 코닥의 기술과 규모를 생각하면 아마 지금쯤 독보적인 세계 1위 기업이 됐을 거예요.

요즘은 정보가 공개된 세상이라 도전에 따른 위험이 조금은 줄어들었어요. 제조업이 1부터 100까지를 전부 만들 필요가 없어요. 세계에서 가장 좋은 기술을 가진 회사와 협업하는 방법이 있잖아요. 앞으로 제품 혁신은 모든 것을 직접 할 필요가 없으니 더 속도가 빨라지고, 범위가 넓어질 것입니다.

제품 개발자는 기술이 좋은 사람이 아니라, 조합과 혁신을 잘하는 사람이어야 합니다. 수많은 정보 중 유용한 것만 골라내는 사람이 유능한 것이지요. 앞으로 제대로 일을 하려면 안목이 있어서 변화의 방향을 읽어낼 수 있어야 합니다. 지식, 정보, 지혜가 연결됐을 때 폭발적인 제품 혁신이 일어납니다.

— 때로는 조직 자체를 혁신하는 것도 필요하겠지요?

물론입니다. 중국 공장에서 물건을 만들 때 인건비가 1만 원이 든다고 하면, 한국에서는 2만 5,000원 정도 들 거예요. 중국에서 1,000명이 하는 일을 한국에서 하면 500명이면 할 수 있어요. 아마 독일이나 일본은 200명이면 똑같은 일을 해낼 거예요. 선진국보다 후진국은 인건비가 싼 대신 인력을 많이 투입하는 조직 구조이기 때문입니다. 그래서 조직혁신, 시스템 혁신이 필요해요. 조직을 간소화하고 효율을 높이는 방향으로 말입니다.

일상 업무 중에 불필요한 일만 빼도 인원을 대폭 줄일 수 있어요. 회계 팀에서 결산보고서를 작성할 때처럼 숫자를 끝자리까지 반드시 맞춰야 하는 일도 있지만, 대략 어느 정도라고 용인할 수 있는 범위에 들어오면 일을 진행할 수 있는 팀도 있어요. 이런 경우에 밤을 새워가며 1원까지 맞추고 있으면 그건 쓸데없는 일입니다. 조직을 효율적으로 운영해서 남는 인원을 일손이 많이 필요한 다른 곳에 배치하면 회사 전체의 효율성이 훨씬 높아질 거예요.

기업 운영 경비에서 인건비가 가장 큰 비중을 차지해요. 이 부분에서 지혜를 발휘하면 훨씬 효율적인 경영을 할 수 있습니다. 인력이 많으면 단순히 비용뿐 아니라, 의사결정도 더뎌요. 조직에 불만을 가진 사람들이 더 많이 생길 수밖에 없고요.

현재 국내 기업들이 인건비에 지출하는 비용은 10년 전과 비교하면 반쯤 줄었어요. 아마 10년쯤 후에 지금을 돌아보면 무척 비효율적이었다고 생각할 거예요. 조직혁신은 10년 후의 관점으로 현재의 비효율적 요소를 찾아 고쳐나가는 것입니다.

— CEO가 혁신을 하고 싶어도 구성원이 혁신의 필요성에 공감하게 하고 실행하게 하기가 쉽지 않습니다. 조직 구성원들에게 혁신의 중요성을 알려주고 그들에게 동기부여를 할 수 있는 방법은 무엇일까요?

좋은 기업문화를 가진 조직도 혁신을 수행하기가 쉽지 않습니다. 좋은 기업문화가 있다고 혁신 문제를 해결해 주지는 않아요. 사람은 누구나 변화를 두려워하고 싫어하거든요.

학교 다닐 때 선생님이 숙제를 내주잖아요. 그걸 받은 아이는 숙제를 해결하려고 노력해요. 초등학교 선생님이 학생들에게 불조심 표어 만들기 숙제를 줘요. 그럼 아이들은 다른 곳에 붙은 불조심 포스터도 유심히 볼 것이고, 불조심을 알리는 단어들도 생각해 보지 않겠어요?

기업도 CEO가 직원들에게 숙제를 줘야 합니다. "김 상무, 이 제품의 생산원가를 반으로 줄여봐", "이 부품 소재를 플라스틱으로 바꿔보면 제품 부피가 줄어들지 않을까?"라는 식으로 생각할 거리를 주는 거예요. 숙제를 받은 사람들은 부담스럽겠지만, 어쨌든 숙제를 해결해야 하니까 고민을 해요. 그 과정에서 좋은 성과가 나고, 본인도 발전합니다.

혁신의 숙제를 줄 때는 주제가 창의적이어야 합니다. 책이나 자료를 몇 권 찾아보면 해결할 수 있는 단순한 숙제는 적절하지 않아요. 직접 현장에 가봐야 한다거나, 여러 사람들의 의견을 들어볼 필요가 있다거나, 최신 트렌드를 찾아봐야 해결할 수 있는 숙제를 줘야 합니다. 또 숙제가 재미없어도 능률이 나지 않아요. 흥미를 갖고 접근할 수 있는 주제여야 합니다.

CEO가 진행 과정에 관심을 보여주면 훨씬 효과가 좋을 거예요. 따로 만나서 진행 상황을 듣는다거나 서로 의견을 나누는 것이지요. CEO가 관심을 보이면 중요한 일이라고 인식하고, 과제해결을 위한 동기도 더 부여됩니다. 그렇게 모든 사람들이 혁신에 참여하고, 과제를 해결해 가는 과정에서 사내에 혁신의 마인드, 혁신의 문화가 형성됩니다.

— 최근에는 제품혁신, 조직혁신, 영업혁신 등 혁신이 다방면에서 일어나는 것 같습니다. 예를 들어 의사결정을 내리는 방식이 예전에는 판매자의 감이라든지, 매출 데이터였다면 요즘은 빅데이터로 대신합니다. 이처럼 혁신 자체가 중요해지고 급격한 변화가 일어나는 가운데, 그래도 변하지 않고 잃지 말아야 할 기업의 가장 중요한 요소는 무엇일까요?

여러 가지가 있겠으나 딱 하나를 고르라면 '리더의 혁신 의지'라고 생각합니다. 예전에는 작은 변화나 아이디어도 혁신이라고 평가했어요. 가만히 있어도, 하던 대로만 해도 중간은 갈 수 있었어요.

이제는 변화 속도가 너무 빨라서 작은 변화로는 버틸 수가 없어요. 예전에는 1년 후, 3년 후를 대비하며 계획을 세웠어요. 요즘은 그런 계획이 무의미할 때가 많아요. 변화 속도가 워낙 빠르니까 장기적인 예측이 불가능하기 때문입니다. IT를 기반으로 하는 금융업은 3개월을 먼 미래라고 보고 업무를 진행한 다고 하잖아요.

조금만 뒤처지거나, 경쟁력이 부족하면 그대로 낭떠러지로 떨어집니다. 혁신은 기업에게 선택이 아니라 필수예요. 때로 실패하고 사고가 나더라도 도전하고 혁신해야 합니다. 새로운 변화 없이는 살아남을 수 없고 앞서갈 수 없습니다. 그런 점에서 혁신을 지속적으로 추진하려는 CEO의 굳은 의지가 가장 중요한 요소라고 생각합니다.

— 혁신을 잘하는 기업을 벤치마킹할 때는 어떤 식으로 해야 도움이 될까요?

다른 기업들이 어떻게 하는지를 돌아보는 것은 무척 중요합니다. 예전에 웅진케미칼을 경영할 때의 일이에요. 웅진케미칼은 정수기에 들어가는 멤브레인 필터를 만드는 회사예요. 멤브레인 필터 생산기술을 가진 기업이 세계에 여섯 개밖에 없었어요. 웅진케미칼이 그중에서 3위쯤 하고 있었고요. 회의나 보고 때마다 "우리가 무척 잘하고 있다"라고 자랑했어요.

그런데 어느 날 임원이 미국에서 그 분야의 세계 1등인 회사를 벤치마킹할 기회가 있었나 봐요. 그가 미국 출장 중에 전화를 했어요. "세계 1등 회사를 보니까 정신이 번쩍 듭니다. 우리는 아직 많이 부족합니다. 더 바꾸고 노력해야겠습니다" 하더 군요. 우리가 잘한다, 더 배울 것이 없다는 자세로는 벤치마킹 할 수 없어요. 마음을 열고 배울 점을 찾는 겸손한 자세가 벤치 마킹의 첫걸음입니다.

그 뒤로 웅진이 위기를 겪으면서 웅진케미칼을 일본 회사에 매각해서 지금은 도레이케미칼(Toray Chemical)이 됐어요. 당시 도레이는 웅진케미칼보다 생산 규모가 조금 작았는데, 두 회사 가 합쳐지면서 세계적인 회사로 성장했습니다. 어느 해인가 웅 진케미칼 시절 함께 일했던 대표이사가 명절 인사를 하러 왔어 요. "예전에는 도레이의 규모가 작다고 생각했는데, 대표이사 로 일하면서 경험해 보니 조직원들의 정신력, 생산기술, 생산 효율성 등이 세계 최고 수준입니다. 도레이를 경영하면서 정말 많이 배웠습니다" 해요. 기술은 물론 정신과 문화까지 배우는 것이 진짜 벤치마킹입니다.

중요한 핵심은 한두 번의 벤치마킹으로 알기 어려워요. 벤 치마킹을 하러 가면 겉만 훑어볼 수밖에 없어요. 회사의 기밀 을 누가 알려주려고 하겠어요. 그래서 깊이 있게 살펴볼 수 있 도록 준비하고 가는 것이 필요해요. 보다 구체적인 질문을 하 면 담당자가 말하지 않으려고 했던 정보도 조금 더 알려줄 수 밖에 없는 거지요.

Part 4

창업

: 누가 혁신적인 사업가로 성장하는가

누구나 '창업'을 심각하게 고민해 본 순간이 있을 것이다. '나는 창업
하기에 적합한 사람인가?', '내가 창업하면 과연 성공할 수 있을까?',
'언제 창업을 실행에 옮겨야 하는가?'와 같이 좀처럼 답이 없는 질문
이 꼬리에 꼬리를 물면서, 지금 이 순간에도 창업을 망설이고 있는 사
람이 많다.

모든 사람이 창업을 할 필요는 없지만, 우리 사회는 새로운 혁신을 위
해 늘 창업을 필요로 한다. 특히 팬데믹이라는 유례없는 사태를 경험
하면서 창업에 대한 시장의 니즈도 한층 더 커졌다. 실제로 미국에서
는 2020년 3월 이후, 신규 창업 건수가 약 600만 건에 달했다고 한
다. 누가-언제-어떻게 창업해야 하는지에 대한 속 시원한 해답은
물론, 새내기 창업자가 흔히 저지르는 실수에 대한 조언이 무엇보다
필요한 순간이다.

김옥채, "팬데믹 이후 기업 600만 개 창업",《미주중앙일보》, 2021.07.05.

사업이 잘 맞는 사람

— 요즘 스타트업에 관심을 갖는 학생들이 꽤 있습니다. 열풍이라고 말하기는 어렵지만 창업에 대한 분위기는 요즘 들어 활발한 게 사실입니다. 직장을 다니면서 창업을 준비하는 사람도 있고요. 어떤 사람이 창업해야 성공할 수 있을까요?

도전하고 모험하기를 좋아하는 사람이지요. 너무 조심스러운 성격이나 겁이 많은 사람, 소심한 사람은 사업보다는 안정적인 직장 생활을 하는 것이 나을 거예요. 사업은 새로운 일을 벌이기 좋아하는 사람이 유리해요. 이런 사람은 목표나 꿈을 높게 잡고 때로 엉뚱한 일을 벌이기도 하지만, 힘든 일이 있어도 좌절하기보다는 다시 해보겠다는 투지를 갖지요. 반면 소극적인 사람은 투자하거나 일을 진행할 때 망설이는 경우가 많아서 사업으로 큰 성공을 거두기 어려워요. 자신의 평소 성격이나 목표, 성향을 먼저 생각해 보고 사업을 할지 말지의 여부를 결정하는 게 도움이 될 거예요.

— 회장님의 경우는 어떠셨나요? 또 어떤 계기로 사업을 시작하셨나요?

나도 도전하고 모험하기를 좋아하는 성격이에요. 브리태니커회사에서 판매상무로 있으면서도 계속 창업을 꿈꿨어요. 새롭게 도전하고 싶었고, 내가 생각한 대로 조직을 이끌고 싶은 계획이 있었어요. 남 밑에 있기보다 내 마음대로 뭔가를 하기를 더 좋아하는 성격이었습니다. 앞에서 이끌어 가고 싶어 했고, 남들 앞에 서기도 좋아했던 것 같아요. 당시 브리태니커회사 한국 지사가 꽤 안정적인 직장이었고, 높은 급여를 받고 있었습니다. 회사에서 사장을 비롯해 모두 만류하는데도 회사를 나와서 1980년 사업을 시작했어요.

— 창업한 사람들 중에는 돈을 많이 벌고 싶어서 시작한

사람도 있고, 뛰어난 기술을 개발해서 어찌하다 보니 창업을 했다는 경우도 있는 것 같아요. 창업으로 좀 더 확실한 결과를 내려면 어떻게 해야 할까요?

창업은 '돈을 많이 벌고 싶다'라는 목표가 확실한 사람이 성공해요. 돈 욕심 없는 사람에게는 사업 자체가 스트레스일 수 있어요. 뛰어난 기술을 개발해서 어쩔 수 없이 사업을 시작하는 과학자, 연구원 출신 사업가들도 더러 있지요. 그렇더라도 사업가가 됐으면 돈을 벌겠다는 확실한 목표가 있어야 해요. 사업가는 결국 어떻게 하면 돈을 더 많이 벌 수 있는지를 끊임없이 생각해야 하는 직업이거든요. 목표한 만큼 돈을 벌고 나면 그 돈을 어떻게 쓸지, 사업을 확장하려는 이유가 무엇인지를 생각해서 다시 목표를 세울 수 있어야겠지요.

— 돈을 많이 벌고 싶은 사람이 사업에 성공한다는 말씀이 아주 명쾌한 처방처럼 들립니다. 돈을 번 이후에는 그 다음 목표를 세워야 한다고 하셨는데, 구체적인 설명 부탁드립니다.

사업가들 중에는 돈을 벌고 난 후 돈 때문에 자기를 망가뜨리는 경우가 종종 있어요. 사치와 향락에 빠지고, 더 많은 돈을 벌 욕심에 휘둘리는 사람들 말이에요. 일단 돈을 벌었으면 목표가 바뀌어야 합니다. 사업의 규모를 키워가는 이유가 여전히 '돈을 더 벌기 위해서'뿐이면 큰 기업가로 성장하지 못합니다. 고용을 늘려서 사회에 공헌하겠다, 어려운 사람들을 위해 돈을 써서 좋은 이미지를 만들겠다는 식으로 목표를 확장해야 해요. 돈을 번다는 목표뿐 아니라 국가와 사회, 혹은 우리 제품을 사줬던 소비자를 위해 가치 있게 쓰겠다는 더 큰 목표가 필요합니다. 또 공정하고 정직하게 돈을 버는 '과정'도 목표 못지않게 중요하다는 점도 잊으면 안 됩니다.

— 돈을 벌기 위해 사업을 하지만, 돈을 버는 것이 목적이
돼서는 안 된다는 말씀이시군요.

내 주변 사업가 중에는 충분한 돈이 있는데도, 더 많은 돈을 갖고 싶어 욕심을 내는 사람들이 있어요. 나는 그런 사람들을 보면 안타까워요. 사업을 하는 첫 번째 목표는 돈을 벌기 위해서입니다. 일정한 수준에 오르면 그다음에는 내가 부자가 되는 것을 넘어 사회를 위해 돈을 가치 있게 쓰겠다는 더 높은 목표를 가져야 존경받는 기업가가 될 수 있어요.

— 창업을 하는 적기는 언제일까요? 사실 사업이라는 것

이 너무 빨라도 안 되고, 너무 늦어도 안 되는, 적절한 타이밍이 중요하잖아요.

요즘은 고등학생, 대학생 들이 창업하는 경우도 꽤 있지요. 일찍 시작해 실무 경험을 쌓는 것은 큰 도움이 될 거예요. 하지만 너무 어릴 때 시작하면 IT나 게임처럼 업종이 제한될 수밖에 없습니다. 아무래도 사회 경험이 적어 시야가 좁으니까요.

대기업에 오래 다녀도 창업의 기회를 잡기 어려워요. 거대한 조직에서 자기가 맡은 일만 하기 때문에 사업의 전체 구조를 보지 못하기 때문이지요. 큰 회사의 인재, 시스템을 경험했기 때문에 이 정도로 사업을 키우는 것이 불가능하다고 판단해 아예 사업의 꿈을 버리기도 합니다.

중소기업에서 10년 정도 근무한 후에 창업하는 것이 가장 적당하지 않을까 싶어요. 중소기업에서 일하면 회사 전체를 볼 수 있거든요. 기술 개발을 어떻게 하는지, 조직 운영을 어떻게 하는지 사장의 관점에서 보게 됩니다. 중소기업 사장이 하는 일을 보면서, '저 정도면 나도 할 수 있겠다'라는 자신감을 갖는 것이지요. 중소기업에서 10여 년 근무하면 대략 나이가 30~40대가 되니까 새로운 일에 도전하기에도 적당한 시기가 아닐까요? 물론 이것은 내 경험에 의한 것이고, 어느 업종이냐에 따라 사업을 시작하는 시기와 방법은 달라집니다.

— 그렇다면 창업을 하려면 사업을 조금은 만만하게 느끼는 자세도 필요할 것 같네요. 창업을 준비하는 사람 중에는 회사를 다니면서 준비하는 경우도 있고, 아예 직장을 나와서 사업 준비에만 올인하는 경우도 있지요. 어느 편이 더 도움이 될까요?

준비가 덜 된 상태에서 막연하게 나오는 것도 문제지만, 그 회사에 계속 있으면서 개인적으로 창업을 준비하는 것도 문제라고 봅니다. 1~2년 정도 기존 회사에 소속된 상태로 주말이나 저녁을 이용해 창업을 준비하는 것은 괜찮겠지요. 하지만 그런 경우 회사일에 집중할 수 있겠어요? 그것은 도덕과 양심의 잣대로 생각해 봐야 할 거 같아요. 창업을 결심했다면 빨리 나와야 그 회사에 피해를 주지 않는 것입니다. 마음은 딴 곳에 있으면서 회사에서 월급만 받는 것은 회사에 손해를 주는 일이고, 다른 동료들에게도 피해를 끼치는 일인 것 같습니다.

— 아무래도 창업을 하면 미래가 불안하니까 양다리를 걸치고 있는 것 아닐까 싶어요.

그럴 때는 바꿔서 생각하면 쉬워요. 내가 사장인데 직원이 회사를 다니면서 따로 창업을 준비하고 있다면 어떻겠어요?

절대 손해를 감수하지 않으려고 하는 사람은 대개 그릇이 작아요. 항상 자기 이익만 앞세우는 사람에게는 주변 사람들이 따르지 않는 법이고요.

나의 강점이 곧 최고의 아이템

— 창업에서 가장 중요한 것은 역시 사업 아이템입니다. 전에 없던 획기적인 아이템을 찾는 방법이 있을까요?

내가 사업을 시작할 때만 해도 외국에 가면 새로운 사업 아이템을 찾을 수 있었어요. 미국이나 유럽에서 좋은 물건을 들여오면 큰돈을 벌 수 있었지요. 국내에는 아직 그런 제품들이 없었으니까요. 우리나라 산업화 초기 기업들은 대부분 그렇게 성장했어요. 외국에서 새로운 기계나 제품을 들여와 국내에 팔면 큰 이윤을 남길 수 있었어요. 눈만 밝고 부지런하면 돈을 벌 수 있는 기회가 많았지요.

이제는 세상이 달라졌어요. 외국에서 좋다는 물건은 이미 우리나라에 들어와 있고, 때로 우리나라에 더 좋은 제품이 나와 있기도 해요. 정보가 빠르게 흐르는 세상이라 획기적인 아이템을 찾기가 무척 어려워진 것이지요.

이럴 때 중요한 것은 '어떤 아이템을 발굴하는가?'가 아니라, '내가 무엇을 잘하는가?'를 생각해 보는 거예요. 사업을 시작할 때 나는 영업, 판매에 자신이 있었어요. 내가 팔 수 있는 아이템들을 찾아서 사업 분야를 하나씩 늘려나갔어요. 처음에는 책이었고, 그다음에 건강식품, 화장품, 정수기로 확대한 거예요. 막연히 어느 제품에만 매달려서 사업을 하는 것은 위험해요. 그 제품을 똑같이 따라 하고, 가격이 더 저렴한 제품이 나왔을 때는 어떻게 대응할 거예요? 눈에 번쩍 뜨이는 유행 아이템보다는 자신의 경쟁력이 어디에 있는지를 파악하고 사업을 시작해야 지속적으로 발전할 수 있어요.

— 단순히 아이템만 찾을 것이 아니라 자신이 잘하는 분야에서 사업의 기회를 봐야 한다는 말씀이 창업을 준비하는 많은 이들에게 유용한 노하우가 될 것 같습니다. 그렇다면 요즘처럼 정보가 범람하는 시대에 해외에서 얻은 정보는 어떻게 활용하는 것이 답일까요?

단순하게 외국에서 골라 와서 한국에서 판매하는 시대는 지났습니다. 그대로 가져온다고 성공하리라는 보장이 없어요. 꽤 오래전 이야기입니다만 미국의 월마트가 그렇게 하다가 2006년에 한국의 이마트한테 밀려서 철수했잖아요.

"

창업은 '돈을 많이 벌고 싶다'라는
목표가 확실한 사람이 성공해요.
돈 욕심 없는 사람에게는
사업 자체가 스트레스일 수 있어요.

"

"

눈에 번쩍 뜨이는 유행 아이템보다는
자신의 경쟁력이 어디에 있는지를
파악하고 사업을 시작해야
지속적으로 발전할 수 있어요.

"

해외에서 성공을 거둔 제품을 가져와 우리나라에서 성공할 확률은 대략 70퍼센트 정도예요. 문화가 다르기 때문에 100퍼센트 성공한다는 보장이 없어요. 일본, 대만에서 대성공한 학습지가 미국에서는 통하지 않았어요. 공부의 목표나 학습 과정이 다르기 때문이었습니다.

나도 초기에는 좋은 책을 찾으러 외국을 다녔어요. 그때는 외국의 것이라면 국내 독자들이 무조건 좋아해서 그대로 번역해 팔 수가 있었거든요. 그런데 선진국을 다니면서 생각이 바뀌었어요. 선진국은 다른 나라에서 만든 어린이책을 그대로 가져와서 팔지 않더라고요. 자국의 문화와 풍습을 담은 어린이책을 펴낸다는 것을 알았어요. 예를 들어 독일인이나 영국인의 생김새가 우리 눈에는 비슷해 보이지만 전혀 달라요. 독일에서는 독일인이 주인공인 책을, 영국에서는 영국인의 얼굴로, 두 얼굴이 확연하게 구별되는 책을 만들더군요. 그래서 나도 외서를 그대로 들여오겠다는 생각을 버리고 우리 민족의 역사, 풍습, 문화가 담긴 『어린이 마을』을 개발했어요. 가장 좋은 것을 보고, 우리 상황에 맞춰 '다르게' 만들었기 때문에 성공했다고 생각해요.

기업을 세우고 키워가려면

— 사업을 하다 보면 필연적으로 확장이 필요한 시점이 있습니다. 사업 확장이나 신사업에 대한 투자는 언제, 어떻게 하는 것이 좋을까요?

사업을 여러 방향으로 확장하다 보면 나처럼 큰 성공도 하고, 큰 실패를 맛보기도 합니다. 그렇다면 다른 업종으로 확장하는 것이 무조건 위험하냐? 그렇지는 않다고 생각해요. 사업에는 한길을 파는 것이 좋지만 때로는 다른 방향으로 가는 것도 필요해요. 삼성이 창업 시절에 했던 식품, 비료 사업만 고집했다면 오늘날의 삼성이 있겠습니까? 전자, 반도체 분야로도 확장했기 때문에 지금 세계적인 기업이 되지 않았습니까?

성공과 실패를 모두 해본 입장에서 말씀드리면 자기 상황에 맞는 확장이 좋은 것 같습니다. 짐을 무겁게 지면 짐을 진 사람이 뒤로 넘어가요. 자기가 짊어질 수 있는 범위 내에서 확장하는 것이 적당해요.

다만 필연적인 변화라면 조금 무리가 되더라도 투자하는 편이 옳다고 봐요. 예를 들어 카메라에 인공지능 기능을 넣는 기술은 4차산업혁명 시대에 필수적인 변화잖아요. 그럴 경우에는 인공지능기술 개발에 다소 무리가 따르더라도 확장을 시도

해야지요.

— 회장님께서 사업을 하시면서 가장 잘했다고 생각하는 확장은 무엇인가요?

출판 사업의 성공을 기반으로 화장품, 정수기 사업을 한 것이 잘한 선택이었어요. 사람들은 출판-화장품-정수기 간의 연관성이 없다고 생각하기 쉬운데, 그건 방문판매라는 뿌리를 두고 확장한 거예요. 방문판매로 팔 수 있는 아이템을 늘려간 사업 확장입니다. 그때 도전하지 않았더라면 지금의 나도, 웅진도 없었을 것입니다.

— 창업을 할 때 친구나 동료가 같이하는 경우가 많아요. 이 경우 끝까지 같이 가는 사람도 있지만, 의견 차이 때문에 헤어지는 사례도 꽤 있어요. 회장님은 동업을 어떻게 보시나요?

같이 공부한 사람은 관심사가 비슷하니까 창업의 좋은 파트너가 될 수 있지요. 하지만 나는 아예 다른 분야의 파트너를 만나는 것이 좀 더 효율적이라고 생각해요. 한 사람이 기계를 만들면, 다른 사람은 디자인을 전공해서 협업하면 훨씬 성과가 높을 수 있지요.

나는 창업은 혼자 했지만, 업종에 따라 동업한 경우가 몇 번 있었어요. 코리아나화장품을 설립할 때 유상옥 회장과 함께했어요. 유상옥 회장은 제품 개발을 맡고, 나는 판매와 영업을 총괄했습니다. 함께 힘을 합쳐서 코리아나화장품을 업계 3위까지 끌어올렸어요.

동업이 쉽지는 않습니다. 동업을 시작할 때는 '저 사람하고 평생 호흡을 맞출 수 있을까?'를 생각해 보세요. 배우자를 고를 때 잘 맞는 사람, 서로 보완되는 사람을 만나면 평생 행복하지만, 잘 맞지 않는 사람과 결혼하면 인생 전체가 불행한 것과 마찬가지예요. 동업자와 호흡이 잘 맞으면 엄청난 시너지가 생겨요. 반면에 동업자끼리 잘 맞지 않으면 협력자가 아니라 오히려 방해자가 될 수도 있어요.

동업을 하려면 가까이에서 오랫동안 보면서 성격을 파악한 사람과 하는 편이 위험이 적을 거예요. 동업자가 아무리 좋은 스펙과 경력을 가졌더라도 실제 일을 해보면 안 맞는 부분이 생기기 마련이거든요.

― 그렇다면 동업을 할 때 능력보다는 성격을 우선시해야 할까요? 그래도 능력이 있어야 사업 성공 확률이 높지 않을까요?

성격은 인간의 기본 인성이니까 반드시 갖춰야 할 소양이지요. 다만 능력은 없는데 성격만 좋은 아저씨와 사업해서는 성공하기 어렵다는 거예요. 마라톤을 하는데 장거리달리기를 못하는 사람하고 어떻게 42킬로미터를 같이 뛰겠어요.

— 창업을 하고 나면 유능한 직원을 구하는 것도 중요한 부분입니다. 회장님은 사업 초기에 유능한 직원을 구하려고 서울대학교 운동권 출신들을 편집자로 채용했다고 들었습니다. 스타트업에서 유능한 직원을 구하는 비결이 있을까요?

회사를 세운 지 얼마 되지 않은, 작고 이름 없는 회사에 오려는 인재는 없습니다. 유능한 인재가 현재 다니고 있는 안정적인 직장을 포기하고 굳이 영세기업에 가려고 하겠어요? 혹 가려고 해도 가족이 반대하고 나설 겁니다. 요즘같이 취업난이 심한 때도 중소기업들은 여전히 인재가 부족해 어려움을 겪고 있다고 하잖아요.

나도 창업 초기에는 사람 구하기가 쉽지 않았어요. 책은 지식의 산물이라 일반인보다는 조금 더 똑똑한 편집자가 필요해요. 궁리를 하다가 서울대학교에서 학생운동을 하다가 제적당한 학생 10여 명을 편집자로 채용했습니다. 당시 군사정권에서는 감시를 받느라 어디에도 취업할 수 없었던 학생들이었어요. 인사에서 틈새시장을 찾고, 창의력을 발휘했다고 할 수 있지요.

사실 영세한 창업 기업에서 유능한 사람을 뽑겠다는 목표 자체가 맞지 않을지도 몰라요. 인재는 그 기업의 규모나 수준에 맞춰 들어온다고 생각하면 거의 정확해요. 그럴 때는 오히려 그 기업에 맞는 사람을 뽑아 교육과 훈련을 통해 수준을 높이는 편이 훨씬 효율적일 수도 있습니다.

78억 투자 유치부터 이름을 짓는 일까지

— 스타트업에서는 대표가 제품 개발도 하고, 영업도 뛰고, 마케팅도 합니다. 사실 대표 1인이 회사 전체를 커버한다고 봐야겠지요. 창업 기업에서 대표가 가장 중요하게 생각해야 할 업무는 무엇일까요?

처음 시작하는 기업에서 대표의 역할은 절대적입니다. 나 같은 경우도 초기에는 회사 이름도 짓고, 제품 이름도 지었어요. 경영 정신도 내가 만들었고, 직원들 교육을 위한 「나의 신조」도 직접 썼지요. 그렇다면 내가 이쪽 분야의 전문가였냐?

그렇지 않아요. 대표니까, 사장이니까 이 일을 할 사람이 나밖에 없는 거예요. 나는 사업을 성공시켜야 한다는 간절함이 있으니까 밤낮으로 몰두하면서 일했습니다.

창업 기업의 대표가 해야 하는 일은 어디까지라고 영역을 규정하기가 쉽지 않아요. 다만 스타트업의 경영자는 자신의 눈을 높여놔야 합니다. 그 회사에서 가장 큰 역량을 가진 사람이어야 하고, 더 높은 수준의 역량을 갖추기 위해 노력할 필요가 있어요. 그래야 수많은 선택의 상황에서 최선의 결정을 내릴 수 있습니다. 사장의 역량이 높아지면 직원들도 그 수준에 맞춰 능력이 따라 올라갑니다.

— 창업에서 가장 중요한 것은 역시 자본인 것 같은데요. 요즘은 국가나 공공기관에서 창업 자금을 지원하거나, 기업이나 경영자들이 사회공헌 차원에서 창업을 지원하기도 합니다. 회장님의 경우 웅진을 창업할 때 어떻게 자금을 마련하셨습니까?

지원 혜택을 잘 활용하는 것이 도움이 될 거예요. 그러나 창업 자금을 받는 것보다 이를 기반으로 사업에서 얼마나 성과를 낼 것인지가 더 중요하지 않겠습니까?

나의 경험은 아주 특별해서 요즘 창업을 하는 사람들에게는 도움이 되지 않을 수도 있어요. 1979년에 브리태니커회사 본사를 방문하기 위해 미국 시카고에 갔어요. 그곳에서 투자자를 만나려고 시도했지만 실패했어요. 돌아오는 길에 일본에 들러 그동안 준비했던 사업계획을 발표하고, 내가 어떤 사람인지를 설명했어요. 그때 일본에 아는 사람이 한 명도 없었고, 일본어도 하지 못했어요. 나의 설명을 들은 회사 중 헤임인터내셔널이라는 곳이 관심을 보였고, 당시 일본 돈 7억 8,000만 엔, 우리나라 돈으로 약 78억 원을 한국에 투자했어요.

이게 그냥 쉽게 내려진 결정이 아니에요. 헤임인터내셔널의 미우라 회장은 내가 어떤 사람인지를 전부 조사했습니다. 나중에 보니 나는 물론이고 통역을 해주던 부장의 사생활, 신용까지 알아봤더라고요. 내가 브리태니커회사에서 판매상무이고, 전 세계 세일즈맨 중 1등 할 정도로 영업력이 좋다, 평판이 괜찮다는 것을 확인한 후에 한국 투자를 확정했어요. 내가 만약 한국에서 별 볼일 없었거나, 일본에 가서 했던 말 중 조금의 거짓이라도 있었다면 투자가 성사되지 않았을 거예요.

내가 일본에 가서 투자를 받겠다는 도전은 무모했을지 모르지만, 그것을 이룬 바탕은 한국에서의 내 능력과 신용이었어요. 앞에서도 말했지만, 그때와 지금은 환경이 다르니까 이대로 따라 하라는 말은 아니에요. 목표를 이뤄가는 도전의 측면에서 나의 사례를 참고하면 좋겠어요.

— 아까 회장님은 회사를 경영하면서 여러 개의 '이름'을 지으셨다고 하셨지요? 회사명이나 제품명이요. 이름 짓는 것도 감각이 필요한 것 같아요. 회장님은 전문가도 아니라고 하시면서 어떻게 이런 것을 잘하셨나요?

초기에는 나밖에 지을 사람이 없으니까요. 회사가 커진 뒤에는 내가 직접 짓기도 하고, 직원들의 제안을 받아 선택하기도 했어요. '또또사랑' 경영 정신은 '사랑을 많이 한다'라는 뜻으로 내가 만든 말이에요. 예전 웅진의 사내 아이디어 제안제도인 '상상오션', 혁신 활동인 '행가래(幸家來)'의 이름은 직원들의 제안이었어요. 「나의 신조」는 내가 평소 교육하던 내용을 함축해 1986년쯤 만든 것인데, 지금 들어도 괜찮아요.

기업에서 이름을 잘 짓는 것은 참 중요해요. 제품명뿐 아니라 사내 활동에서도 말이에요. 상상오션이나 행가래는 이름만 들어도 어떤 활동인지 짐작되고, 활기차고 싱그러운 느낌이 들지 않나요? '웅진씽크빅'은 학습지 이름이었다가 나중에 회사 이름이 된 경우인데, '창의력'이라는 회사의 정체성을 표현하고 있어서 그때 바꾸기를 잘했다 싶어요.

이런 이름들이 처음에는 어색할 수 있어요. 일정 시간이 흐르고 지속적으로 사용하다 보면 어느새 문화가 됩니다. 웅진이라는 이름에도 재미있는 사연이 있어요. 처음 회사명이 '도서 출판 혜임'이었는데, 어린이책을 내려고 보니 회사 이름이 안 맞는 거예요. 우리의 자연, 문화, 풍습을 알려주는 책에 영어로 된 회사명을 쓰기가 좀 그렇더라고요. 그래서 사내공모를 했어요. 여러 이름이 나왔는데 한밭, 조약돌 같은 귀여운 이름들도 있었어요. 그중에 '웅진'이 내 고향 공주의 옛 이름이기도 하고 웅장한 느낌이 들어 선택했습니다. 처음에는 익숙하지 않아 좀 이상한가 싶었는데, 시간이 지날수록 좋은 이름이라고 생각합니다.

결국 이름을 잘 지으려면 많이 연습해 보는 수밖에 없어요. 여러 아이디어 중에서 밝고 힘찬 느낌, 지속적으로 사용해도 무리가 없는 이름을 선택하는 것이 비결이고요. '웅진코웨이' 라는 이름도 내가 지었어요. '모두 함께'라는 뜻으로 즉석에서 지었습니다.

기술과 디자인은 업계 최고 수준으로

— 기업을 경영하다 보면 경쟁사보다 기술이 뒤처질 때가 있습니다. 회장님은 이런 약점을 발견했을 때 어떻게 극복하셨나요?

기술은 인재를 뽑아야 해결할 수 있어요. 채용할 때 다른 부문은 학교, 학점에 상관없이 창의력이 있고 가능성을 지닌 사람을 뽑아요. 하지만 연구, 기술 분야는 공부를 많이 한 사람, 학위를 가진 사람을 우선 채용해요. 출판 편집이나 기술은 그 분야에 기초 지식이 없으면 해낼 수 없거든요. 초기에 편집부를 서울대학교 운동권 출신들로 구성하면서 편집장은 충북대학교 철학과 윤구병 교수를 모셨고, 미술 책임자는 국민대학교 시각디자인학과 윤호섭 교수였어요. 작은 출판사로서는 엄청난 투자였지요. 연구, 기술은 그 분야 최고의 인재에게 맡겨야 한다는 게 그때나 지금이나 변함없는 나의 소신이에요.

2000년대 초반 웅진코웨이가 성장을 지속하면서 갈림길에 섰어요. 대기업으로 크려면 획기적인 기술과 제품을 내놔야 하는데, 그때 연구 인력이 미비했거든요. 특히 전자, 화학공학을 전공한 석박사들이 많이 필요했어요. 그런데 서울의 유명 대학은 물론이고 지방대학 학위 소지자도 오려고 하지를 않았어요. 삼성, LG 같은 대기업에서 모셔가는 인재들이 당시 중소기업이었던 웅진코웨이로 올 이유가 없었을 거예요.

우수한 연구원들을 확보해야 미래가 있다고 봤어요. 서울대학교에 560억 원을 기부하고 교내에 연구소를 세웠습니다. 서울대학교 석박사과정생과 산학협력을 하면서 기술을 개발한 것이지요. 학위를 취득한 이후에는 그들을 연구원으로 채용하기도 했고요.

회사 내부에서는 반대도 있었어요. 그 돈으로 서울이나 경기도 요지에 땅을 사서 연구소를 지으면 20년 뒤에 땅값이 열배는 오를 텐데, 굳이 서울대학교에 기부까지 하면서 들어가야 하느냐는 의견이었지요. 나는 기업이 20년 뒤에 비싼 땅을 갖고 있는 것보다 독보적인 기술이나 제품 경쟁력을 갖는 것이 훨씬 가치 있는 일이라 생각해요. 경영자가 어느 경우에도 양보하지 말아야 할 분야가 기술입니다. 그리고 또 하나를 꼽자면 디자인입니다.

— 기술과 함께 디자인 분야에 양보하지 말라는 의미는 무엇인가요? 작은 회사는 디자인에 큰돈을 들이기가 현실적으로 쉽지 않습니다.

디자인에 있어서는 지금이 오히려 기업에게 좋은 환경인 것 같아요. 예전에는 사내에 디자인 팀을 두고 개발을 하는 것이 일반적이었습니다. 요즘은 외부에서 활동하는 우수한 디자이너가 많기 때문에 잘 찾으면 큰 효과를 거둘 수 있습니다.

실력 있는 디자이너들은 회사에 있지 않으려고 합니다. 어떻게든 독자적으로 활동하려고 하지요. 그러니까 기업은 자신의 필요에 맞는 디자이너를 선택하면 됩니다. 디자이너를 잘

정해서 견고한 파트너십이 형성되면 사내에 디자인 팀을 두는 것보다 훨씬 효율적이에요. 대신 경영자는 적합한 디자이너를 뽑는 감각, 소비자가 가장 좋아할 디자인을 선택하는 능력을 키워야겠지요.

기업에서 디자인비를 아끼려고 하는 경우가 있는데, 나는 디자인은 돈을 아낄 분야가 아니라고 생각합니다. 요즘 소비자 수준이 얼마나 높은데, 어설픈 디자인으로 경쟁력이 있겠어요? 평범한 디자인으로 200개 팔리는 제품과 소비자를 움직이는 디자인으로 2만 개 팔리는 제품, 둘 중 무엇을 개발할지에 관한 선택입니다.

리더의 감각이 뒤떨어져 있으면 아무리 좋은 디자인도 무용지물입니다. 소비자의 입장에서 선택해야 하는데 리더의 취향에 따라 고루한 디자인을 고르면 아무 소용 없어요. 쉽게 결정하기 어려울 때는 디자인 전문가의 감각을 믿고 맡기는 것도 좋은 방법입니다.

협력 업체와 상생하는 법

― 창업 초기에 제품을 직접 개발하거나 생산하기 어려운 경우에는 OEM(Original Equipment Manufacturer, 주문자상표

부착생산)이나 ODM(Original Development Manufacturing, 제조자개발생산)을 많이 활용합니다. 이런 경우 제품 수준이 흡족하지 않을 때가 있습니다. 업체와 견해가 다르고, 갈등이 생길 수도 있고요. 협력 업체를 어떻게 관리를 해야 효과를 높일 수 있을까요?

요즘 OEM, ODM을 하는 업체 중에는 세계적인 기술을 가진 회사들이 꽤 있습니다. 이런 회사를 잘 활용한다면 윈윈할 수 있을 거예요. 반면 원청업체와 하청업체의 관계에서 문제가 되는 것은 원가가 높을 때, 불량이 많을 때입니다. 개선이 쉽지 않거든요.

하청업체를 관리하는 것도 그 회사 수준에 달려 있습니다. 불량이 나면 어떻게 없앨지 원청업체가 대안을 제시할 수 있어야 해요. 납품 원가를 줄일 수 있도록 서로 머리를 맞대야 합니다. 그런데 원청회사가 하청업체 상황은 생각하지도 않고 무조건 원가를 줄여라, 불량을 없애라 하고 명령하는 것은 책임을 떠넘기는 행위예요. 방법을 함께 고민해야 합니다. 하청업체라고 함부로 대해서는 둘 다 발전할 수 없어요. 협업하는 파트너라는 인식을 가지고, 문제를 함께 해결해 나가는 것이 업체 관리를 잘하는 비결입니다.

— 평소에 협력 업체와의 신뢰 관계가 전제돼야 한다는 말씀 같습니다. 협력 업체와의 신뢰는 어떻게 쌓아야 할까요?

기본적으로 두 회사 사이가 투명하고 윤리적이어야 해요. 납품업체로부터 금품을 받은 담당자가 원가를 줄이려는 노력을 하겠어요? 은연중에 납품업체를 대변하거나 보호하고 있을 거예요. 또 납품업체가 회장, 사장과 친인척관계라면 어떻게 납품 원가를 줄이겠어요.

OEM이든 ODM이든 관리를 잘하는 기본은 투명한 관계입니다. 웅진에서는 협력 업체를 만날 때 반드시 2명 이상의 담당자가 만나도록 하고 있어요. 협력 업체가 보낸 선물은 아무리 작은 것이라도 돌려보내야 하고, 함께 밥을 먹으면 반드시 웅진 쪽에서 밥값을 내도록 규정하고 있어요. 협력 업체와 관계를 맺을 때 아예 서약을 받아요. 금품이나 비리가 있을 시 즉시 거래를 끊는다고요.

이렇게 철저하게 관리해도 가끔씩 사고가 일어나요. 10년쯤 전에 우리 회사 납품업체 사장과 식사를 했어요. 내가 "웅진하고는 일하기 편하지요?"라고 물었어요. 그랬더니 웃으면서 "그래도 힘든 게 있습니다. 사람 사는 게 어디나 똑같지요, 뭐" 하면서 말을 돌리더라고요. 뭔가 느낌이 이상해서 다음 날 감사 팀에게 알아보라고 했어요. 조사하니 담당자가 그 회사로부터 금품을 받고 있었더라고요. 바로 규정대로 처리하고 마무리했습니다. 평소 철저하게 관리하고 상시적으로 감사를 하는데도 그런 사고가 생깁니다. 물론 웅진은 다른 회사보다 그런 비리가 일어나는 빈도는 훨씬 낮은 편입니다.

나를돌파하는
힘

Part 5

조직

: 달라진 세대와
기업 생존의 조건

"인사가 만사다[人事萬事]"라는 문장이 힘을 갖는 시대다. '신제품 개발' 혹은 '미래 로드맵 제시'가 기업의 주요 관심사인 시절을 지나 '조직 안정화'가 기업의 핵심과제로 부상하고 있다.

기존 질서에 순응하는 것이 미덕이었던 베이비부머, X세대 조직 구성원이 새로운 가치로 똘똘 뭉친 MZ세대 직원들과 함께 생활하게 되면서, 그동안 당연하게 받아들여지던 인적자원관리(HRM) 방식 역시 새로운 국면을 맞이했다. 인사 팀은 "왜 우리 회사는 경쟁사보다 연봉이 낮은가"와 같은 구성원들의 직설적인 질문에 골치가 아프다. 임원은 직원들이 묻는 "왜 나의 인사고과 결과가 다른 이보다 못한가"에 대해 납득 가능한 근거를 제시해야 한다. 조직원도, 관리자도, 리더도 모두 만족할 만한 미래형 기업문화가 그 어느 때보다도 절실한 순간이다.

할 말은 하는 직원들이 늘어난다

— 요즘은 '블라인드' 앱처럼 해당 회사의 직원들만 볼 수 있는 익명 커뮤니티가 인기인데요. 때로는 그곳에서 회사와 상사의 뒷담화를 하기도 하면서 인기가 많은 만큼 문제도 많다고 합니다. 회사가 이런 플랫폼을 막을 수는 없을 텐데요. 어떻게 관리하면 좋을까요?

그런 커뮤니티는 막을 수 없고 막는다고 해도 곧 다시 생겨날 거예요. 강제로 없애면 그 불만을 다른 곳에서 풀어내겠지요. 나는 양성화된 곳에서 밝히는 불만은 괜찮다고 생각해요. 그런데 드러내지 못하고 뒤에서 털어놓는 불만은 문제가 있어요. 예를 들어 회의 중에 바로 불만을 말하는 건 괜찮지만 화장실에 가서 뒷담화를 하는 건 문제지요. 그런 걸 양성화할 필요가 있어요. 그래서 윗사람은 아랫사람과 소통을 해야 합니다. 별일이 아닌데도 괜한 오해를 사서 일이 커지는 경우도 있습니다. 숨기지 말고 꺼내서 이야기할 수 있는 분위기를 만들고 토론하는 수준을 높여야 합니다. 자유롭게 문제를 제기하고 대화할 수 있는 분위기가 형성되면 기업의 투명성이 높아지고 윗사람의 잘못도 개선될 수 있습니다. 문제를 공론화해서 건전한 기업으로 나아가는 통로로 활용할 수 있다고 생각해요.

— MZ세대 직원들은 특히 연봉과 성과급 등 돈에 예민합니다. 다른 회사와 비교해 보거나 회사의 매출이 좋은데도 성과급이 적다는 생각이 들면 경영진에게 직접적으로 항의하기도 합니다. 물론 연봉을 올려주고 성과급을 많이 주면 좋지만 기업 입장에서는 그렇게 하기 어려운 경우도 있는데요, 이럴 때는 어떻게 대응하면 좋을까요?

직장인들이 월급을 올려 달라고 요구하는 건 당연한 일이에요. 누구는 적극적으로 표현하고 누구는 그러지 않을 뿐이지 모두가 그런 마음이 있을 겁니다. 겉으로 요구하지 않는 직원들도 늘 월급에 대한 불만을 가지고 있을 수 있다는 것을 염두에 두고 경영해야 합니다.

사실 돈을 적게 주면서 직원의 기를 살리는 방법은 없습니다. 회사 상황이 어려우니까 직원들에게 참으라고 하는 것도 시대에 맞지 않아요. 옛날에는 이런 말이 통했을지 몰라도 지금은 세상이 바뀌었습니다. '직원들 월급도 올려주지 못하는 곳이구나. 비전이 없으니 얼른 다른 직장을 찾아야겠다!'라며 떠나요. 유능한 인재일수록 빨리 나갈 거예요.

기업은 직원들에게 돈을 더 줄 수 있는 방법을 찾아야 합니다. 경영구조를 혁신하여 5명이 하던 일을 3명이 하게 하고, 5명 몫의 재원을 3명에게 나눠 주는 것이지요. 이게 불가능할 것 같지만, 그렇지 않아요. 기업경영자가 구조 혁신을 통해 재원을 늘리고, 그걸 직원들에게 돌려주면 회사에게도, 직원에게도 모두 이익입니다.

회사에 불만을 가진 사람들도 "돈 때문에 이러는 게 아니다"라고 하는데, 진짜 마음은 그렇지 않아요. 돈 때문에 가장 큰 불만이 생깁니다. 회사는 지속적으로 혁신하면서 재원을 마련해, 직원의 만족도를 높여가야 함께 발전할 수 있습니다.

기업은 항상 합리적인 경영을 하고 직원들에게 자주 브리핑을 해줘야 해요. 회사의 실정을 자세하게 알려주고 비전을 제시해 주는 게 중요합니다. 세계 1위 자동차 회사 토요타의 경우를 보면 20여 년간 회사가 급격하게 성장했지만 직원들은 월급 인상을 요구하지 않았습니다. 흑자가 많이 난 해에는 그에 비례해서 직원들에게 보상을 해줬기 때문이지요. 윗사람들이 부정행위를 저지르면 직원들의 불만이 커지는데 그런 일이 일어나지 않도록 각별히 주의했고, 성장에 집중해 혁신을 이뤘어요. 노사 간에 그만큼 좋은 문화를 만드는 것도 중요합니다.

— 직원들이 급여에 대한 불만을 가지지 않도록 구조를 바꾸는 한편, 기업의 리스크가 너무 커지면 안 되니 내부적으로 제도를 만들어야 할 것 같습니다. 또 기업이 효율적으로 임금을 지불할 수 있도록 하는 국가 차원의 정책도 필요하고, 여러 요소가 얽혀 있다는 생각이 듭니다.

경영이 중요합니다. 회사가 이익이 많이 났다고 해서 무조건 연봉을 올려주는 것도 문제예요. 그렇게 하면 특정 회사로 인력이 다 몰리는 인력 블랙홀 현상이 생기고 중소기업은 어려워집니다. 선진국에서는 대기업과 중소기업의 임금격차가 적은 것을 볼 수 있어요. 우리나라는 두세 배 정도가 됩니다. 토요타의 예처럼 흑자가 난 해에는 상여금을 더 지급해 주고 연봉 인상은 급격하게 하지 말아야 합니다. 교육을 통해 직원들이 기업의 입장을 이해할 수 있도록 하고 "일을 잘하면 다음에 올려주겠다"라는 식의 기약 없는 약속은 더 이상 해서는 안 됩니다.

"

돈을 적게 주면서
직원의 기를 살리는 방법은
없습니다.

"

"

기업은 직원들에게 돈을 더 줄 수 있는
방법을 찾아야 합니다.
경영구조를 혁신하여
5명이 하던 일을 3명이 하게 하고,
5명 몫의 재원을 3명에게
나눠 주는 것이지요.

"

― 요즘 MZ세대는 평생직장 개념보다는 젊을 때 주식, 부동산 등에 투자해서 경제적 자유를 달성하고 조기 은퇴를 하겠다는 이야기도 많이 합니다. 반면에 기성세대들은 평생 몸담아온 직장에서 은퇴를 앞두고 불안감과 초조함을 느끼기도 하는데요. 이런 분들에게 조언 부탁드립니다.

나이가 들어서 은퇴할 생각을 하면 누구나 불안합니다. 나는 그 시기가 되지 않아도 중간에 은퇴하거나 다른 일을 하는 것이 자연스러워져야 한다고 생각합니다. 노사문화도 바뀔 필요가 있어요. 회사와 잘 맞지 않는 사람을 내보내는 것이 자연스러워져야 한다고 생각해요.

스카우트 제안을 많이 받는 직원은 퇴직을 고민하지 않지요. 능력이 있으면 어디서든 일할 수 있으니 고민할 필요가 없어요. 흔히 자리를 안정적으로 보장받는 직장이나 정년이 정해져 있는 공무원을 선호하는데 보장받는다는 것이 경쟁력을 떨어뜨릴 수도 있습니다. 나는 공무원 수도 줄여야 한다고 생각합니다. 공무원이기 때문에 평생 그 자리를 유지하는 것은 자본주의사회에 맞지 않아요. 능력에 의해 평가받고 뛰어난 점이 있다면 다른 곳에서 제안을 받겠지요. 자신이 정말 잘할 수 있는 것을 찾고 능력을 키우는 게 가장 중요합니다.

인성이 곧 실력인 이유

— 조직 내에서 실력은 있는데 평판이 안 좋은 사람에겐 어떻게 멘토링을 해주고 계십니까?

평판이 좋지 않다고 직접적으로 말하면 기분이 나쁘겠지요. 나는 리더십에 대한 이야기를 많이 해줍니다. 그리고 그 직원이 상사와의 관계에서 좋았던 경험을 생각해 보게 해요. 자신의 경험을 떠올려 볼 수 있는 질문을 합니다. 일반적으로 명령하는 상사보다는 상의하는 상사를 좋아하니까 그런 방향으로 멘토링을 계속 해주다 보면 스스로 깨닫고 해결 방법을 찾아요. 자칫하면 유능한 사람을 그냥 놓치게 되는데 멘토링을 통해 나은 방향으로 변화하고 성장하도록 이끌어 줘야 합니다.

— 직장은 학교나 가정보다 훨씬 많은 시간을 보내는 곳입니다. 그만큼 인성이 드러나고, 예의가 중요합니다. 회장님은 경영 초기부터 인성교육을 하셨다면서요? 어떤 계기로 하셨고, 어떤 효과가 있었습니까?

우리는 어려움을 극복한 사람들의 이야기를 들으며 힘과 용기를 얻습니다. 교통사고로 온몸이 마비된 서울대학교 이상묵 교수의 강의를 들은 적이 있습니다. 그분이 그러더군요. "교통사고로 죽을 뻔했는데, 음성인식기술 덕분에 컴퓨터를 이용해서 생활하고 있다"라고요. 그러면서 "예전 같으면 꼼짝도 못 하고 누워만 있었을 텐데, 요즘은 컴퓨터가 있어서 얼마나 다행인지 모른다. 다리를 움직일 수는 없어도 전동 휠체어로 이동할 수 있으니 나는 얼마나 행복한가?" 하십니다. 그분의 이야기를 들으니까 원망과 불만이 사라지더군요. 돈이 없다고, 부모가 잘나지 못했다고 불평하는 것이 얼마나 큰 사치였는지를 깨닫게 됩니다. 인성교육 효과가 그런 거예요. 살아 있음에 감사하고, 작은 것에서 행복을 느낍니다.

기업에서는 인성교육을 통해 기업의 문화도 만들 수 있습니다. 긍정적인 언어와 긍정적인 생각을 유도합니다. 인성교육이 조직의 갈등을 줄이는 효과도 있습니다. 직원들이 단합하고, 화합하는 기회가 되기도 합니다. 그런 점에서 기업에서 인성교육은 선택이 아니라 필수입니다.

— 회장님은 인성교육을 하실 때 '살아 있는 사람', '죽어 있는 사람'이라는 표현을 자주 쓰시지요? '살아 있는 사람', '죽어 있는 사람'이란 어떤 의미인가요?

내가 말하는 '살아 있는 사람'이란 긍정적인 사람, 활력이 있는 사람, 꿈과 희망이 있는 사람을 말해요. 새로운 일에 도전하고, 끊임없이 노력하는 사람이요. 살아 있는 사람은 인생이 행복하다 생각하고 세상을 아름답게 봐요.

반면 '죽어 있는 사람'은 부정적인 사람, 의욕 없는 사람, 자신의 나이가 많다고 생각하고 무엇도 시작하지 않는 사람이에요. 이런 사람들은 아무것도 하지 않으면서 시간을 보내요. 일흔이 넘으면 다 살았다고 생각하고, 여든이 넘으면 죽을 날을 기다려요. 요즘 우리나라 평균수명이 남성은 80세, 여성은 86세예요. 주변에 그보다 훨씬 오래 사는 분들도 많고요.

철학자 김형석 교수님은 100세가 넘으셨는데 지금도 활동을 하십니다. 강연도 하고, 책도 쓰면서 인생을 알차게 살고 계세요. 매일 아침 정해진 시간에 책을 읽는다고 합니다. 김형석 교수님은 나이가 많다고 포기하거나 귀찮아하지 않으십니다. 그분이 보기에 나는 얼마나 젊어 보이겠어요? 아마 "내가 그 나이라면 아무 걱정도 없겠다" 하실 거예요. 내가 40대 직원들을 보면 '아직 젊어서 할 수 있는 일이 너무나 많겠구나!'라고 생각합니다. 그런데 그들은 자기 나이가 많고, 무엇을 시작하기에 너무 늦었다고 생각하더라고요. 20대 젊은이 중에도 세상이 끝난 것처럼 절망적인 이야기를 하는 사람들이 있어요.

식물도 싱싱하게 살아 있을 때 아름다워요. 항상 살아 있는 사람이 돼야 해요. 특히 생각이 살아 있어야 해요. 내가 만든 신조에 '내 나이가 몇 살이든 스무 살의 젊음을 유지할 것이며'라는 구절이 있어요. 젊음은 시간이 아니라, 마음의 상태예요. 오늘은 내 인생에서 가장 젊은 날이고, 내일은 또 내 인생에 가장 젊은 날이에요.

— 인성교육과 함께 직무 역량을 높이는 교육도 중요합니다. 회장님은 직원들의 역량을 높이는 직무교육을 어떻게 하셨나요?

직무교육도 무척 중요하지요. 직무교육은 업무에 따라 다양한 방식이 병행돼야 합니다. 한 가지로만 정해서 말하기는 어려워요. 중요한 것은 강의 중간중간에 교육생을 참여시키는 거예요. 강사가 일방적으로 강의하면 교육 효과를 보기 어렵습니다. 교육생이 의문 나는 것을 질문하고 답하는 워크숍 방식의 교육이 효과가 높아요. 강의를 들으면서 조는 사람은 있어도, 대화하면서 자는 사람은 없잖아요. 서로 물어보고 답하면서, 현업의 문제를 해결해 가는 쌍방향 참여형 교육이 몰입도가 높습니다. 교육 내용과 결과를 즐겁게 받아들이고요.

이런 토론식, 대화식 직무교육을 하려면 사전에 많은 준비가 필요합니다. 강사는 교육 전에 수강생들이 생각해 볼 수 있도록 숙제를 줘야 하고, 수강생은 질문할 거리를 미리 가져와야 합니다. 그래야 강의와 토론 시간을 알차게 채울 수 있을 거예요.

— 제 경험으로도 강의식 교육보다 토론식 교육이 훨씬 효과가 높았습니다. 학생 10여 명의 토론을 듣고, 그에 대한 피드백을 해주니까 학생들의 이해도와 만족도가 무척 높았습니다.

대화를 하면서, 혹은 피드백을 주면서 교육생이 미처 생각하지 못했던 점까지 짚어주거든요. 토론식 교육에서 전문가와 비전문가를 적절하게 섞는 것도 시도해 볼만한 방법이에요. 전문가들만 모여 있으면 논리적이고 상식적인 대화만 오가거든요. 비전문가가 말도 안 되는 이야기를 할 때, 이에 반박하거나 이의를 제기하면서 새로운 생각으로 발전합니다.

정수기 렌털 서비스를 도입하면서 연구원들과 이런 식의 토론을 자주 벌였어요. "제품 원가를 절반으로 줄인 정수기를 만들자"라고 하니 연구원들이 전부 반대했습니다. 내가 기술이나 품질을 모르기 때문에 그런 소리를 한다고 생각했을지도 몰라요. 그런데 내가 "이렇게 해보면 어떠냐? 저렇게 하면 가능하지 않겠냐?"라고 자꾸 이야기하니까 연구원들이 여러 기술을 조합해 결국 원가를 반으로 줄인 정수기를 만들어 내더군요. 여러 분야의 다양한 경험을 가진 사람이 전문가들과 섞이면 거대한 융합이 일어날 수 있어요.

공정한 평가가 인사의 핵심

— 많은 사람이 일하는 조직에는 필연적으로 인사평가 시스템이 필요합니다. 평가를 공정하게 잘하는 방법은 무엇입니까?

좋은 평가 제도를 만들어야 하고 평가자 교육도 병행돼야 합니다. 평가하는 사람이 공부하지 않으면 공정한 평가 제도가 정착되기 어려워요. 평가자가 양쪽 눈으로 보지 않고, 자기가 좋아하는 한쪽 눈으로만 본다면 그게 공정하다고 할 수 있겠어요? 평가 제도를 고민할 때 평가를 하는 팀장, 본부장 교육 프로그램도 함께 개발해야 효과가 있습니다.

웅진에서 오랫동안 평가 제도를 운영해 보니 평가 항목이 너무 많으면 오히려 제대로 평가가 되지 않았어요. 예를 들어 기획력은 100점인데, 업무 추진력은 60점인 사람과, 기획력과 업무 추진력 모두 80점인 사람의 평균이 같아요. 그럼 누가 더 조직에 도움이 되는 사람일까요? 판단이 어렵잖아요. 항목이 많은 것이 오히려 판단을 흐리게 하고, 평가에 과도한 에너지를 쏟게 만들어요. 그래서 요즘은 항목을 줄이고 조직이 원하는 핵심역량에 더 근접한 가치를 중심으로 평가하도록 제도를 운영하고 있습니다.

— 직원의 실수로 회사가 손해를 입는 경우가 있습니다.
실수한 직원은 무조건 내보내는 것이 정답일까요?

실수의 종류를 구분하는 것이 먼저입니다. 의욕적으로 일을 하다가 예상치 못한 실수를 하는 경우가 있어요. 윗사람의 지시로 했던 일이 잘못돼 담당자의 실책이 되기도 합니다. 이런 경우 실수의 책임을 담당자에게 물으면 그 조직은 다시는 새로운 도전을 하지 않습니다. 90퍼센트의 확신에는 움직이지 않고, 아무런 사건, 사고가 없겠다는 100퍼센트 확신이 드는 일에만 힘을 쏟아요. 혹시 10퍼센트 때문에 문제가 생겼을 경우 그 책임을 져야 하니까요. 하지만 세상에 성공적인 결과를 100퍼센트 확신할 수 있는 일이 얼마나 있겠습니까? 결국 도전하지 않는 기업, 일하지 않는 조직이 돼버립니다.

나는 지금까지 신규 사업을 하다가 실패한 경우에는 책임을 묻지 않았어요. 열심히 임했지만 결과가 좋지 않은 이유를 그 사람만의 책임으로만 볼 수는 없기 때문입니다. 다만 실패를 반복하거나, 고의로 잘못했다면 용서하지 않았습니다.

분명 책임을 물어야 할 실수도 있어요. 한 번은 고객이 우리 회사 서비스 센터에 전화를 했어요. 그런데 상담 직원이 불친절했을 뿐만 아니라 한 달이 지나도록 문제를 해결해 주지 않았다고 해요. 이 경우는 그 직원에게 책임을 물어야 합니다. 상담 직원이 불친절하게 전화를 받은 것은 업무 태만이니까요. 일 처리도 제대로 하지 않았고요. 해당 팀장에게 그 직원이 누구인지 알아보고, 이런 실수를 또 한 적이 있는지를 조사하게 했어요. 그리고 그런 실수를 점검할 수 있는 시스템까지 정비하도록 지시했어요.

실수했다고, 혹은 실패했다는 이유만으로 한두 직원에게 책임을 물어버리면 공정하지 않아요. 무조건 내보낸다고 일이 마무리되지도 않아요. 그 사람을 내보내는 것을 보고 일하지 않고, 움직이지 않는 조직이 되면 그게 무슨 효과가 있겠습니까? 실패의 근본적인 원인을 찾아 해결하고, 다시는 반복하지 않도록 시스템을 관리하는 것이 중요합니다.

— 기업에서는 어쩔 수 없이 구조조정으로 인해 인력을 감축해야 하는 상황이 있지 않습니까? 주로 사업 부진이나 재편으로 어려움을 겪을 때지요. 이럴 때 어떻게 하면 서로 마음이 상하지 않으면서 현명하게 구조조정을 할 수

있을까요?

경영자로서 참 힘들고, 미안한 순간이지요. 회사를 살릴 수 있는 방법이 그뿐이라면 서로에게 최선의 방법을 찾아야만 합니다. 구조조정을 할 때는 상대를 이해하게 만드는 것이 가장 중요합니다. 왜 구조조정을 할 수밖에 없는지 설명하는 시간을 충분히 가져야 합니다. "왜 내가 구조조정 대상이냐?"라고 억울해했을 때 설득할 수 있는 논리가 있어야 합니다. 충분한 시간을 들여, 그 사람이 이해할 때까지 대화해야 합니다. 납득이 된다면 반발심도 줄어들 겁니다. 그런 수고도 없이 무리하게 회사 입장에서만 구조조정을 진행하면 갈등과 분란이 일어날 수밖에 없어요.

구조조정은 사람을 내보내는 것이 목적이 아니라 기업의 구조를 효율적으로 재설계하는 과정입니다. 이럴 때는 외부의 도움을 받는 것도 효과가 있습니다. 객관적인 조언을 해주는 컨설팅을 통해 사업 구조를 재편하고 인력을 재배치하는 것이지요. 컨설팅의 결과 인력구조조정이 불가피하다면, 비교적 합리성을 가지고 실행할 수 있고, 대상자들도 이동과 변화를 보다 원만하게 수긍하고 받아들일 수 있을 것입니다.

변화하는 근무 환경에 대응하려면

— 앞으로는 재택근무, 비대면 회의, 자율근무, 주 4일 근무 등 새로운 근무 형태가 늘어날 것 같습니다. 이에 따라 기업이 직원들을 관리하는 방식도 바뀌어야 할 텐데요. 회장님께서는 이런 변화를 어떻게 보십니까?

코로나19가 사회를 많이 변화시켰어요. 이런 새로운 변화에 적응하면서 근무 방식이 다양해진 것은 좋다고 생각합니다. 재택근무도 요즘에는 인터넷이 발달해서 회사에서 근무하는 것과 크게 다를 게 없어요. 예전 같으면 불가능했겠지만, 앞으로 IT 기술이 점점 발전할 테니 더욱 그렇겠지요. 이제는 꼭 대면으로 해야 하는 업무를 제외하면 비대면 업무가 더 효율적인 업종도 많을 거예요. 출퇴근 시간이나 각종 비용이 절약되는 면도 있지요. 재택근무는 시스템을 잘 만드는 게 중요합니다. 직원들의 근무 상황을 일정 부분 감독하는 것도 필요하지만, 그게 지나쳐서 직원들이 계속 감시받는 것 같은 기분을 느끼게 하면 안 됩니다.

— 재택근무를 하면서 직장인들이 시간을 좀 더 자유롭게 사용할 수 있게 됐습니다. 이런 경험을 해봤기 때문에

앞으로 직원들이 회사에 요구하는 부분이 커질 것 같습니다. 예를 들어 점심시간을 꼭 오전 12시부터 오후 1시로 정할 필요가 없다는 식으로 말입니다. 회사가 어느 정도 맞춰줄 필요도 있겠지만, 자율성을 잘 활용하지 못하는 직원도 있으니 마냥 맞춰줄 수는 없을 텐데요, 조직문화를 어떤 식으로 바꿔가야 할까요?

그래서 시스템이 중요한 겁니다. 업무 상황을 회사에 잘 보고하면서 성과를 낼 수 있는 시스템이 갖춰졌다면, 직원들이 시간을 유연하게 사용해도 됩니다. 만약 하루에 8시간을 근무한다면 직원들이 재택근무를 하면서 원하는 시간에 일할 수도 있겠지요. 고객을 상대로 해야 하는 업무가 아니라면 굳이 근무시간을 오전 9시부터 오후 6시까지로 정해둘 필요가 없어요. 특히 창의적인 일을 하는 직원의 경우 아이디어가 떠오르는 시간에 효율적으로 일하면 됩니다. 이제는 기업에서도 직원들의 만족도를 높일 수 있는 방법을 많이 찾아야 합니다. 시스템을 잘 갖춘 회사라면 재택근무로 인한 능률이 오를 것이고, 그렇지 못하고 규제만 많다면 직원들이 불편함을 느끼고 불만이 생길 겁니다.

― 요즘 젊은 직원 중에는 회식 자리를 썩 좋아하지 않는

사람도 많습니다. 여러 명이 모인 자리에서 억지로 끌려
온 티가 나기도 합니다. 직원들이 모두 즐겁게 참여하는
회식 문화는 어떻게 만들 수 있을까요?

시대가 달라진 것처럼 회식 문화도 바뀌어야 한다고 생각해
요. 예전에는 남성들이 여성에게 술을 따르라고 해도 잘못했다
고 생각하지 않았어요. 이제는 절대 해서는 안 되는 행동으로
모두 인식하고 있잖아요.

나는 "마음에 드는 사람끼리 회식하라"라고 해요. 회식 풍경
을 보면 본부장 혼자 말하고, 신입 사원은 회식 내내 한마디도
하지 못하고, 고기만 굽고 있어요. 노래방에 가서는 윗사람들
이 차례대로 노래를 부르고, 신입 사원들은 박수만 쳐요. 그러
니 무슨 재미가 있겠어요? 회식에 오기 싫은 것도 당연하지요.
회식은 모든 사람이 참여해야 재미가 있어요. 재미있으려면 자
기도 말을 할 기회가 있어야 해요. 다른 사람 말을 듣기만 하는
것은 회식에 참여한 것이 아니에요.

좋아하는 사람 서너 명이 모여 맛있는 것을 먹으면서 이야
기를 나누면 회식이 무척 즐거워요. 서로 말을 주고받을 수 있
으니까요. 회사는 마음이 맞는 이들이 모일 수 있게 하고, 그들
이 함께 식사할 수 있도록 일정한 회식비를 제공해요. 그러면
신이 나서 등산 가는 계획도 세우고, 영화를 보기도 하고, 멋진

와인바를 찾아가기도 하더군요.

회식의 목적은 여러 사람이 모여 우르르 밥 먹는 게 전부가 아니에요. 대화를 나누면서 스트레스를 풀고, 기분이 좋아져 다시 열심히 일할 수 있는 에너지를 얻는 것이 목적이에요. 그런 점에서 우리나라 회식 문화도 시대에 맞게, 개인의 특성에 맞게 달라질 필요가 있다고 봅니다.

— 유능한 직원이 이직하는 이유는 여러 가지가 있겠으나, 아무래도 중간관리자, 특히 팀장과의 갈등 때문에 결심을 하는 경우가 많겠지요. 유능한 직원이 나가는 것은 기업에서는 엄청난 손실입니다. 이런 문제들을 예방하고, 문제가 생겼을 때 해결할 수 있는 방법은 무엇일까요?

일류 기업, 대기업은 이직률이 높은 편입니다. 힘들게 들어갔지만 일을 하다 보면 사내에서 경쟁이 치열해 자연히 탈락하는 사람이 생기거든요. 유능한 직원은 외부에 소문이 나서 스카우트 제의를 받고 움직이는 경우가 많고요.

사실 회사가 비전이 있고, 팀장과 관계가 좋으면 아무리 좋은 조건이라도 움직이지 않을 거예요. 이직을 결심하는 이유는 다양하겠지만, 팀장 혹은 관리자에 대한 불만이 큰 영향을 미치는 것이 사실입니다. 요즘 젊은이들은 팀장과의 갈등을 참지 않아요. 팀장이 업무의 방향을 제대로 설정하지 못하거나, 비인격적으로 대하면 바로 이직을 결심해요. 반대로 팀장에 대한 존경심이 있고, 팀워크가 좋으면 월급이 조금 적어도 기분 좋게 일하고, 자신을 알아준다는 믿음에 참고 일을 합니다. 사람 마음이 그래요.

회사의 이직률을 좌우하는 것은 팀장, 즉 관리자의 역량입니다. 이직률을 낮추기 위해 관리자의 역량을 높이고, 인성을 가꿔야 하는 이유가 바로 이것입니다. 유능한 직원이 이직하는 것은 회사로서는 엄청난 손실입니다. 이것을 단순히 요즘 젊은이들의 특성 탓으로 돌리거나, 복리후생이나 작은 이벤트로 해결하려 들면 근본적으로 문제를 해결할 수 없어요. 특정 팀의 이직률이 높으면 원인이 무엇인지를 깊이 들여다볼 필요가 있어요.

어떤 사람을 뽑아야 하는가

— 어느 조직이나 사람 관리가 가장 어려운 반면 청년들은 취업이 어려워 고민입니다. 학점 좋고, 영어 실력도 뛰어난 청년이 입사해서 일을 잘한다는 이야기를 듣기가 쉽지 않습니다. 기업이 원하는 인재상과 젊은이들이 좇는

인재상이 서로 다르지 않나 싶습니다. 회사는 어떤 사람
을 뽑고 싶어 합니까?

과거에는 좋은 대학을 나오고, 학점이 좋고, 외국어를 잘하
는 사람을 채용했습니다. 이것저것 골고루 잘하면서 무난하고
성실한 사람을 좋아했지요. 지금은 시대가 달라졌습니다. 요즘
은 경쟁력을 먼저 봅니다. 특별한 장점을 가진 사람을 선호하
지요. 중국어를 탁월하게 잘하는 사람, 노래를 잘하는 사람, 스
포츠를 잘하는 사람 등 어느 한 가지를 특별하게 잘하는 사람
이 매력 있습니다. 이것도 조금, 저것도 조금 해봤다는 사람은
면접관의 관심을 끌기 어려워요. 요즘 젊은이들은 상향평준화
돼 다들 어느 정도의 실력을 갖추고 있거든요. 남과 다른 경쟁
력, 특별한 스토리를 지니고 있어야 해요. 게임도 적당히 하는
정도가 아니라 남들과 다르게 특별히 잘해야 '저 청년은 마음
먹은 일은 끝까지 해내는 집념이 있구나' 하고 생각합니다.

— 이것도 조금 잘하고, 저것도 조금 잘하는 것이 큰 의미
가 없는 시대라는 말씀에 동의합니다. "저는 남들을 잘 웃
겨서 친화력이 좋습니다", "저는 설득을 잘해서 영업에 자
신 있습니다"처럼 특기에도 독특함과 디테일이 있어야 하
는 것 같아요. 무엇보다 회사가 원하는 특별한 기술을 갖

춰야 경쟁력이 있지요?

이제는 중요한 정보를 얼마나 가지고 있는지가 핵심역량입
니다. 지금부터 인공지능 연구를 시작해서 언제 세계 최고가
되겠어요? 개발을 완료했을 때는 이미 남들은 훨씬 앞서 있을
거 아닙니까? 가장 뛰어난 인공지능기술을 지닌 기업을 찾아
제휴하는 게 훨씬 효과적이지요. 공기청정기를 개발할 때 필터
를 가장 잘 만드는 회사, 가전 디자인을 세계에서 가장 잘하는
회사를 찾아오는 사람이 유능한 사람이에요.

시험 잘 보고, 학점 좋은 것은 중요한 요소지만 그런 사람이
기업에서 꼭 인재로 성장하는 것은 아닙니다. 기업에서 말하는
인재는 결과를 만들어 내는 사람이에요. 어떤 일을 시켰을 때
방법을 찾아내고, 성과로 일구는 사람을 선호하지요. 이런 점
을 알아보기 위해 요즘은 과거와 다른 방식으로 평가해서 채용
하잖아요. 면접 방법도 다양하고요. 미국 기업 중에는 직원 한
명을 뽑을 때 3~4일씩 면접을 하는 회사도 있어요. 취업하려
는 학생들도 이런 점을 고려해 준비하면 좀 더 확실하게 목표
를 이룰 수 있을 것입니다.

— 그렇다면 회장님이 면접을 할 때 가장 중요하게 생각
하는 것은 무엇입니까?

내가 보는 최종 면접에 올라올 정도의 지원자라면 실력은 큰 차이가 없어요. 나는 인상, 목소리, 표정, 행동으로 90퍼센트는 마음을 정해요. 단순히 외모를 말하는 것이 아니에요. 인상을 보면 그 사람이 어떤 생각을 가졌는지 드러납니다. 이야기하다 보면 긍정적인 사람인지, 부정적인 사람인지 느껴져요. 어떨 때는 전화 목소리만 듣고도 "나이가 50대쯤 되는 여성이었습니다", "젊은 남성인데, 어딘가 아픈 것 같았어요"라며 그 사람을 파악할 수 있잖아요. 면접을 하다 보면 성격이 급한지, 열정이 많은지를 대충 알아요. 일을 맡겨도 될지, 함께할 수 있을지도 느낌이 와요.

면접을 많이 보면 지원자의 평소 생각과 행동이 읽혀요. 면접날만 잘 보이려고 꾸미고 있다는 것을 면접관은 알아차립니다. 면접관들도 오랫동안 그 일을 했기 때문에 어지간한 것들은 구별할 수 있습니다.

취업을 준비하고 있다면 면접을 위해 관리할 것이 아니라 자신의 인생 전체를 놓고 꾸준히 준비하는 것이 훨씬 가치가 높을 것입니다. 그러니까 면접만을 준비하지 말고, 인생을 준비하면 좋겠어요. 면접 때만 잘 보이려고 꾸며서 행동하지 말고 평소에 생각과 행동을 관리하는 것이지요. 평상시에 긍정적인 생각을 하고, 의욕을 갖고, 부지런하게 행동을 하다 보면 어느새 몸에 배거든요. 그런 사람들은 자연스럽게 인상도, 목소리도 좋아집니다. 면접은 자신의 장점을 드러내는 형식일 뿐이에요.

— 요즘은 면접을 볼 때 가장 우수한 사람을 뽑기보다는 이직을 하지 않을 사람을 우선적으로 선택하는 경우도 있습니다.

아무래도 그게 현실적인 방법일 거예요. 예전에 웅진렌탈에서 정수기를 관리하는 서비스 전문가 '케어스타'를 뽑았어요. 우수한 학교를 나오고, 외모도 단정하고, 좋은 경력을 가졌지만 뽑히지 못한 사람들이 있어요. 서비스업종에 맞지 않는 사람들이었기 때문입니다. 서비스업종에서 일하려면 표정이 밝고, 잘 웃고, 상냥해야 하거든요.

어떤 일이든 '적성'을 거스를 수는 없는 것 같습니다. 공무원에 맞는 사람, 교사에 맞는 사람이 따로 있잖아요. 적성에 맞지 않는 일, 좋아하지 않는 일을 지속하기는 어렵습니다. 누구나 좋아하는 일을 할 때 신나고, 더 잘하려고 노력을 해요. 억지로 하는 일은 성과가 높을 수가 없습니다. 회사는 그 직원이 좋아하는 일, 적성에 맞는 일을 할 수 있도록 배치해 이직률을 줄여가야 합니다. 입사 이후에도 꾸준히 상담과 관리를 통해 직원들이 역량을 높여갈 수 있도록 회사도 도와야 하고요.

— 요즘은 채용할 때 평판 조사를 많이 하시더라고요. 회장님도 평판 조사를 중요하게 생각하시지요? 평판 조사를 효과적으로 하려면 어떻게 해야 할까요?

기업들은 평판 조사를 무척 중요하게 여겨요. 신입 사원을 뽑을 때도 평판 조사를 하는 기업도 있어요. 업무 경력이 없는데 어떻게 평판 조사를 하나 싶겠지만 방법이 있어요. 그 학생이 아르바이트했던 편의점, 과외했던 학부모를 찾아가서 묻는 거예요. "그 학생이 시간 약속을 잘 지키던가요?", "그 학생이 금전 관리를 어떻게 하던가요?", "그 학생이 고객을 대하는 자세는 어떤가요?"라고 질문합니다. 그만큼 평판 조사에 정성을 기울인다는 뜻입니다. 일본에서는 여행사에서 일하던 사람이 문제가 있었다면 다른 여행사에 아예 취업할 수 없을 정도로 평판 조사 결과가 중요하다고 해요.

예전에 평판 조사를 해보면 무조건 좋은 점만 이야기했어요. 정에 이끌리기도 하고 취직하는데 도와주자는 심정으로 "성실합니다", "착합니다"라고 대답하는 사람이 많았어요. 요즘은 그렇지 않아요. 매우 솔직하고 구체적으로 대답을 해줍니다. 그래서 평판 조사가 꽤 믿을 만해졌어요. 고위직급으로 올라갈수록 평판 조사 결과가 당락을 가르는 경우가 많아요. 그 사람이 살아온 뿌리가 평판이라는 열매로 나오는 것이니까요.

— 요즘은 SNS로 평판 조사를 하는 기업도 있어요. 그 사람이 어떤 글을 쓰고, 어떻게 댓글을 달았는지를 보고 그 사람의 성향을 파악합니다.

그것도 좋은 방법이네요. SNS를 읽다 보면 그 사람의 일상이 어떤지, 악성댓글을 지속적으로 쓰는 사람인지를 금세 알수 있으니까요. 그만큼 우리 사회가 투명해졌어요. 면접 때 잠시 좋은 사람인 척할 수는 있어도 언젠가는 본모습이 밝혀질 수밖에 없어요. 기업도 그 사람을 채용하기까지 다양한 채널을 동원해서 알아보기 때문이에요.

학생들은 학교 공부, 성적만 중요하게 생각하기 쉬워요. 실제 그 사람을 이루는 요소는 훨씬 복잡하고 다양한데, 그 생각을 하지 못해요. 기업에서는 인재를 확보하기 위해 눈에 보이는 것 이외의 것도 파악하기 위해 노력해요. 기업은 가정보다 훨씬 더 오랜 시간을 생활하는 공간이기 때문에 능력, 인성, 그리고 평판까지 종합해 사람을 뽑습니다.

앞으로 평판 조사는 훨씬 정교해지고 중요해질 것입니다. 평판은 자신이 만드는 거예요. 어떻게 생활하고, 행동하고, 관계를 맺었는지가 평판입니다. '평판은 그 사람이 살아온 인생 그 자체'라고 해도 과언이 아닙니다.

— 회장님 말씀을 정리하면 면접만을 위한 단기적 준비가
아니라, 평상시 자신의 실력, 인성을 가꿔서 좋은 평판을
만들자는 말씀이시군요.

맞아요. 학생들이 너무 좁게 생각하지 말고 멀리, 넓게 보면
좋겠어요. 학교에서는 성적만 올리면 되지만 사회와 기업은 그
렇게 단순하지 않거든요. 그러니까 기업에서 필요로 하는 인재
가 어떤 사람인지를 생각해 보고 그에 맞춰 자신의 인생을 디
자인한다면 취업은 물론 행복에도 큰 도움이 될 거예요.

업무에 몰입할 수 있는 분위기인가

— 대기업은 많은 사람들 중 인재를 골라 뽑을 수 있지만,
중소기업은 그렇지를 못하다고 합니다. 중소기업들은 여
전히 인재난에 시달리고 있습니다. 유능한 사람이 중소
기업에 가려고 하지 않으니까요. 회장님은 작은 출판사를
경영하신 경험도 있으니 이런 고민을 잘 아실 것이라 생
각합니다. 중소기업에서 인재가 부족한 문제는 어떻게 해
결해 갈 수 있을까요?

이건 우리나라 경제구조와 관련이 있는 문제입니다. 앞으로 우리나라 경제가 발전하려면 대기업과 중소기업의 격차가 줄어야 합니다. 독일이나 일본처럼 산업의 역사가 오래된 나라는 대기업과 중소기업의 차이가 크지 않습니다. 중소기업들이 대기업을 든든하게 받쳐주고 있는 삼각형 구조입니다. 우리나라는 몇몇 거대한 대기업을 작고 힘없는 여러 중소기업들이 떠받치고 있는 역삼각형 형태예요. 사람 몸에 비유하면 머리만 비정상적으로 크고 가슴과 허리가 없어요. 하체가 부실하니까 외부에서 조금만 충격이 와도 와르르 무너져요. 산업구조가 건강하지 않은 거지요.

대기업과 중소기업의 격차가 너무 크니까 젊은이들은 대기업만 가려고 해요. 대기업에 다니는 것이 신분이 돼버렸습니다. "너 ○○대기업 다녀? 대단하다!"라고요. 중소기업에 다니는 사람은 경제적으로나 사회적으로 대접을 받지 못해요. 너도 나도 대기업에 들어가려고 피 말리는 경쟁을 합니다. 부모들도 자식이 대기업에 들어가야 잘 키웠다고 생각을 해요.

국가는 이런 산업의 구조적 문제를 해결해 가야 합니다. 임금 격차를 줄이고, 복리후생을 늘려서 우수한 사람들이 중소기업에서 능력을 펼칠 수 있는 여건을 만들어 줘야 해요.

사회적 인식도 달라져야 합니다. 대기업만 들어가려고 할 것이 아니라 발전 가능성이 있는 중소기업, 벤처기업에서 꿈을 이루겠다는 도전정신이 필요해요. 대기업에서는 자신이 담당하는 업무만 알기 때문에 시야가 좁아요. 중소기업에서는 기업 전반의 업무를 모두 익히니까 오히려 창업이나 성공의 기회를 얻기도 쉽습니다.

중소기업 입장에서도 인재를 확보하는 데 보다 적극적일 필요가 있어요. 대기업같이 잘 갖춰진 인재만 바랄 것이 아니라 가능성이 있는 사람을 뽑아 성장시켜 가는 노력 말입니다. 오랫동안 근무할 수 있도록 직원에게 투자하고, 근무 여건을 향상시키는 변화가 뒷받침될 때 이 문제를 해결할 수 있을 것입니다.

— 예전에는 직장을 성실하게 다니는 게 미덕이었다면, 요즘은 직장에 다니면서 SNS 인플루언서로 수익을 창출하거나 별도로 무인 매장을 운영하는 등 동시에 여러 일을 하는 'N잡러'가 늘어나고 있습니다. 이렇게 일하는 방식이 현명한 것으로 인식되기도 하고요. 기업은 이런 트렌드에 어떻게 대비하면 좋을까요?

그런 흐름을 막을 수는 없을 거예요. 그렇다고 그냥 둘 수도 없지요. 여러 가지 일을 하면 회사 업무에 대한 집중도가 떨어질 테니까요. 이제는 리더가 직원들이 일에 집중할 수 있게끔

해야 합니다. 흥미를 느낄 만한 과제를 많이 주는 것이 방법이긴 하지만, 그게 전부는 아니에요. 상사가 내준 과제에 시달리느라 창의성을 발휘하지 못해서는 안 되지요. 목표를 설정해서 동기부여를 해주거나 회의할 때도 다양한 벤치마킹을 시도해 의욕을 북돋아 주는 방식으로 업무에 집중하도록 해야 합니다. 무료하고 여유가 있을 때 다른 생각이 듭니다. 조직에서 더 인정받고 싶고 승진하고 싶은 마음이 생기면 다른 데 주의를 돌리지 않겠지요.

억지로 다른 일을 하지 말라고 해서 될 일이 아닙니다. 과거에 직장 생활을 하던 사람들과 요즘 젊은 세대들은 생각이 다르기 때문에 무조건 막으면 오히려 반발할 수도 있어요. 회사에서 보기엔 업무 집중도가 떨어지는 것 같은데 직원 입장에서는 내 시간을 사용해서 하는 일인데 무슨 상관이냐고 말할 수도 있겠지요. 다른 일에 에너지를 많이 뺏기는 것 같다면 멘토링을 해주고 조직 차원에서 동기부여를 해줘야 합니다.

— 기업이 근로계약서 내에 겸업금지의무 조항을 만들어서 사인하라고 할 것이 아니라 직원들이 맡은 일에 몰입해서 재미있게 일할 수 있는 토양을 만드는 게 훨씬 중요하다는 말씀이시군요.

투잡, 쓰리잡을 하는 사람들은 본업을 성실하게 하기 어렵습니다. 조직이 탄탄하지 못하면 직원들이 다른 곳에 눈을 돌리기 쉬우니 리더가 그 부분을 잘 판단하고 확실히 해줘야 합니다. 본업에 전념할 수 있도록 이끌어 준다면 둘 중 하나를 결정하려고 할 겁니다.

기업문화는 그 조직의 뿌리다

— 기업문화란 무엇입니까? 그리고 왜 필요한지 설명을 부탁드립니다.

한국에서 태어난 아기가 미국에 가서 생활하면 미국인처럼, 일본에서 자라면 일본인처럼 생각하고 행동합니다. 일본인들은 약속 시간에 늦는 경우가 거의 없습니다. 일본에서 자란 아이는 시간 약속을 잘 지키며 생활할 것입니다.

사람은 자신이 속한 환경과 문화에 영향을 받으면서 가치관을 형성합니다. 기업도 마찬가지입니다. 직원들은 기업문화에 절대적인 영향을 받으며 일합니다. 가치판단을 할 때 기업문화가 기준이에요. 선배가 친절하게 전화를 받는 모습을 보면, 후배는 그 방식을 익혀 친절하게 전화를 받습니다. 그 회사에는 전화를 친절하게 받는 문화가 이어지는 거예요. 기업문화는 기업 성장에 직접적인 영향을 줍니다. 기업문화는 직원들이 회사를 사랑하고, 직원들의 만족도를 높이는 정신적 뿌리이기 때문입니다.

— 그럼 기업문화는 누가, 어떻게 만듭니까?

기업문화는 CEO, 최고경영자가 만듭니다. 웅진의 문화는 내가 만들었습니다. 1980년대만 해도 명절 때 직원들이 임원이나 사장의 집을 선물을 들고 방문했습니다. 나는 이것이 적절하지 않다고 생각했어요. 정이 오간다는 좋은 점도 있지만, 그것이 청탁과 대가로 이어질 수 있거든요. 그래서 명절에 상사의 집에 선물을 들고 가지 못하게 했습니다.

설날 우리 집에 세배하러 온다는 직원이 있으면 단체로 와서 세배만 하고 가는 것은 괜찮지만, 개인적으로 오는 것은 안 된다고 했어요. 혼자 오는 사람이 빈손으로 올 리 없고, 나도 인간이라 아무래도 개인적으로 찾아온 사람에게 정이 갈 수밖에 없거든요.

사내에서 주고받는 선물도 허용 범위를 정했어요. 부하 직원은 상사에게 책 한 권을 선물할 수 있도록 했어요. 옛날에는 책 한 권이 1만 원 정도 했는데, 요즘은 책값이 조금 올랐으니

1만 5,000원 정도 되겠네요. 상사가 부하 직원에게 하는 선물은 대가를 바라는 것이 아니니까 한도를 두지 않았고요.

사내에 동문회, 향우회를 금지하는 문화도 내가 만들었어요. "너 ○○고등학교 나왔어? 나도 그 학교 나왔는데!" 하면서 특별한 관계로 맺어져요. 팔은 안으로 굽는다고, 그렇게 가까워지면 고등학교 후배에게 더 마음이 가지 않겠어요? 그런 관계에서는 공정한 인사 평가는 불가능합니다. 인맥으로 연결될 수 있는 모임은 처음부터 금지했어요. 대신 취미, 종교 모임은 회사에서 권장하고 활동비도 지원합니다.

월요일 아침에 커피를 마시면서 주말에 어떻게 지냈는지를 공유한 뒤 그 주 업무를 시작한다거나, 상을 받거나 좋은 일이 있을 때 떡을 해서 나눠 먹는 문화도 내가 시작했어요. 끊임없이 교육했고, 직원들과 함께 실천했어요. 이런 것들을 42년 동안 지켜온 결과, 오늘날 웅진의 문화로 자리 잡았습니다.

— 웅진의 경영 정신이 '또또사랑'이지요? 성실, 근면, 최선, 최고 같은 가치를 내세우는 다른 회사의 사훈과 달리 사랑을 언급한 점이 특별한데요. 이것도 회장님이 만드신 것인가요?

1983년쯤 정한 거예요. '사랑하고, 또 사랑하고, 또 사랑한다', 즉 사랑을 아주 많이 한다는 뜻입니다. 종교에서 자주 쓰는 말을 기업에서 이야기하니 처음에는 좀 어색하더라고요.

웅진은 '사훈'이라는 단어도 쓰지 않았어요. 사훈은 누군가를 가르친다는 의미가 있잖아요. 누구를 가르치기보다는 직원들 스스로 느끼고 행동하는 것이 중요하다고 여겼어요. 그래서 사훈 대신 '경영 정신'이라는 말을 사용하고 있습니다.

누군가를 계속 사랑하는 마음을 갖기가 쉬운 일은 아니에요. 서로에 대한 신뢰가 바탕이 돼야 사랑을 유지할 수 있어요. 또또사랑은 윤리적으로 투명하게 경영하고, 공정한 정책을 펴면서 신뢰를 지키겠다는 의미가 담겨 있습니다. 서로를 믿으며 회사와 동료를 사랑하고, 또 사랑하자는 약속이기도 합니다. '또또사랑' 경영 정신은 웅진 기업문화의 뿌리입니다.

— '또또사랑'이 그저 '사랑하자'라는 뜻인 줄 알았는데, 그런 깊은 의미가 있었군요! 하지만 '또또사랑'처럼 모두 공감하는 슬로건을 만들기가 쉽지 않습니다. 좋은 슬로건은 어떻게 만드나요? 이런 사훈이나 슬로건을 효과적으로 활용하려면 어떻게 해야 하나요?

사훈이 없는 기업은 없어요. 다만 효과적으로 활용하는 기업이 드물지요. 회사 직원들에게 사훈이 뭐냐고 물으면 모르는

“

기업문화는 기업 성장에
직접적인 영향을 줍니다.
기업문화는 직원들이 회사를 사랑하고,
직원들의 만족도를 높이는
정신적 뿌리이기 때문입니다.

”

직원들이 많아요. 최근에 교육을 받은 신입 사원들이나 좀 기억하고 있을까, 대부분 일상에서는 모른 채 지나가요. 웅진에는 '또또사랑' 경영 정신을 모르는 직원이 없습니다. 생활 속에서 '또또사랑'을 실천하기 때문입니다. 웅진은 사내에서 인사도 "안녕하세요?" 대신 '또또사랑'으로 하고 있습니다.

아무리 좋은 사훈도 직원들이 받아들이지 않으면 소용이 없습니다. 예전에 예능프로그램을 보니 고등학교 급훈 중에 "지하철 2호선을 타자" 같은 것들이 있더군요. 근사한 말보다 이런 직접적인 슬로건이 훨씬 빠르게 와닿지 않습니까? 슬로건은 사용하는 사람이 깊이 느끼고 자주 사용할 수 있어야 합니다. CEO가 그에 맞게 실천하는 모습을 보이는 것도 중요합니다. 직원들에게 사랑하자고 해놓고는 CEO가 회사 자금을 횡령해 비자금이나 만들고 있으면 사랑하는 마음이 생기겠습니까?

나는 지금도 '또또사랑' 정신에 대한 교육을 해요. 다른 교육을 할 때도 꼭 기업문화에 관한 내용을 넣어요. 반복해서 말하며 나도 지키고, 직원들도 지켜가자고 다짐하는 것입니다. 웅진이 수많은 어려움을 겪으면서도 살아남을 수 있었던 것은 '또또사랑'을 바탕으로 한 신뢰의 기업문화가 구축돼 있기 때문입니다.

투명경영이 기업의 핵심 경쟁력

— 원론적인 질문입니다만, 아주 기본부터 여쭙고 싶습니다. 왜 투명하고 윤리적으로 기업을 경영해야 하나요?

나도 단순하게 대답하면 "기업인이 행복하기 위해 투명경영을 해야 한다"라고 말하고 싶어요. 기업에 비리가 있다는 것은 오너도, 전문경영인도 불행의 씨앗을 만드는 일입니다. CEO가 비자금을 조성하고 횡령하려면 혼자서는 할 수 없어요. 대략 직원 5명쯤은 그 일에 가담을 해야 가능할 거 아니에요? 그러면 회장은 그 5명에게 평생 약점이 잡히는 거예요. 직원이 무능해도 내보낼 수 없고, 인성에 문제가 있어도 보호해 줘야 합니다. 그 사람이 내 약점을 잡고 있으니까 평생 묶여 다니는 거지요. 그들을 입막음하려면 또 얼마나 힘들겠습니까? 회장에게 조금만 서운해도 비리를 고발하겠다고 협박할 거 아니에요. 돈이 있어 행복하고, 돈이 없어 불행한 것이 아니에요. 높은 자리에 있다고 행복한 것도 아니고요. 이런 압박을 받고 있는데, 돈이 많다고 행복하겠어요?

투명경영은 경영자에게 행복과 불행의 문제예요. 비자금 만들고, 횡령을 하면 잠시 이익을 누릴 수 있을지는 몰라도 누가 나를 고발할까 봐 평생 전전긍긍하고, 그 직원들에게 흠 잡힐까 눈치 보면서 살아야 해요. 투명하고 윤리적으로 경영하는 기업가는 눈치 볼 것 없이, 공정하게 판단할 수 있고, 기업경쟁력을 만드는 데 최선을 다할 수 있어요. 투명경영은 CEO의 행복과 직결돼 있습니다.

— 작은 회사의 CEO는 투명하고 윤리적으로 경영하기가 힘들다고 말합니다. 주변에서는 그렇게 하지 않는 회사가 훨씬 많은데, 자신만 윤리적으로 경영하는 것이 어쩐지 손해 보는 느낌이 들기도 할 것 같아요.

그렇지 않아요. 작은 회사일 때부터 윤리경영을 하지 않으면 나중에는 시도할 수가 없습니다. 처음부터 복잡하게 꼬이면 나중에 제대로 시작하고 싶어도 그럴 수가 없으니까요.

집에서 부모가 누워서 텔레비전을 보면 아이도 누워서 봐요. 자신도 모르게 부모를 따라서 비슷하게 행동하는 거지요. 회장이 투명하게 경영을 하면 사장도 따를 수밖에 없어요. 사장이 투명경영을 하는데, 상무가 비리를 저지를 수는 없어요. 그러니 윤리적인 경영은 회사가 작을 때, 가장 윗사람부터 시작해야 합니다.

나는 지금도 직원들 앞에서 투명경영에 관한 이야기를 자주 해요. 비슷한 내용을 계속 반복해 말하는 이유는 내가 지키겠다는 약속을 하는 것입니다. 직원들도 따르라는 사인을 보내는 것이기도 하고요. 나는 직원들 앞에서 친인척의 회사에서는 납품받지 않는다, 탈세하지 않는다, 비자금을 만들지 않는다고 말을 해요. 나도 사람이니 유혹이 생기거나 거절하기 힘들 때가 종종 있어요. 직원들 앞에서 이런 말을 해놓으면 내가 한 말이 있으니까 함부로 행동하지 못해요. 그래서 여러 명 앞에서 자주 언급하면서 공언하는 것이 도움이 됩니다.

내가 이렇게 하니까 웅진은 깨끗한 기업으로 자리를 잡았고, 그 덕분에 큰 어려움도 이겨낼 수 있었어요. 물론 우리도 사고가 아예 없다고 할 수는 없어요. 그래도 이 정도 규모, 인원의 다른 기업에 비해서는 훨씬 비율이 낮습니다.

— 회사 차원의 투명경영뿐 아니라 조직구성원 개인, 직원 차원의 투명한 업무처리도 중요합니다. 그러나 직원 입장에서는 윤리경영이 피부로 와닿지 않을 거예요. '투명하게 경영한다고 내게 무슨 도움이 될까? 월급이 오르나?'라고 생각할 수 있지요. 직원들에게 윤리경영의 필요성을 공감시키려면 어떻게 해야 할까요?

그런 직원들에게는 넓고, 크게 보라고 말하고 싶어요. 당장은 안 보이겠지만 투명경영은 직원 개인에게도 분명히 이익이에요. 가령 A라는 기업이 어떤 부품을 회장 친인척이 운영하는 회사에서 개당 5,000원에 납품받고 있어요. 그런데 B기업에서는 개당 3,000원에 훨씬 나은 부품을 사용하고 있어요. 이런 일이 지속되면 A회사가 경쟁력이 있겠습니까? A회사 직원은 경쟁력이 떨어지는 것을 알면서도 그대로 있을 수밖에 없어요.

또 다른 경우, 만일 어떤 회사에서 부당한 조건으로 납품받기로 하고 금품을 받아 챙긴 담당자가 있다면, 앞으로 그 회사가 마음에 들지 않는다고 거래를 끊을 수 있겠습니까? 설사 거래를 끊으면 돈을 줬던 회사가 가만히 있겠습니까? 처음의 잘못으로 악순환이 되는 거예요. 비리에 가담하기 시작해 맛을 들이면, 절대 끊어내지 못해요. 혹시라도 높은 자리에 올라가더라도 개인 비리가 있는 사람은 존경받을 수 없어요. 평생 낙인이 찍힐 일은 처음부터 시작하지 않는 편이 좋아요.

윤리적이고 투명한 기업에 다닌다는 것은 직원들에게도 큰 자랑이자 자부심이 될 수 있어요. 누구나 공정한 기회를 얻을 수 있고, 능력에 따라 성장할 수 있으니까요.

— 비윤리적인 사고가 발생했을 때, 어떻게 처리하셨습니까? 다시 반복하지 않도록 대처하는 방법은 무엇일까요?

지금까지 경영을 하면서 윤리경영을 위반한 직원을 봐준 적은 없습니다. 단, 고의적이었는지 어쩔 수 없는 실수였는지는 면밀하게 조사했습니다. 똑같은 방법을 반복했다면 그건 의도적이라는 뜻이니 용서하지 않았습니다. 반면 일하다가 미처 생각하지 못해 일어난 실수라면 선처했어요.

비윤리적인 사고를 방지하려면 한 사람이 같은 일을 오래 하지 못하도록 업무를 순환시켜야 합니다. 구매나 회계 업무 담당자는 일정 기간이 지나면 다른 직원으로 바꿔주는 것이 좋아요. 혼자 그 일을 하면서 비리를 저지를 수 있고, 이를 다른 사람이 발견하기는 어렵거든요. 예전에 우리 회사도 재무 팀에서 12년간 일했던 직원의 비리가 적발된 적이 있어요. 책임자에게 물으니 그 일을 그 담당자가 제일 잘하고, 대체할 인력도 마땅치 않아 계속 시켰다고 해요. 그러니 문제를 12년 동안 키운 거지요. 은행 지점장들도 1~2년마다 지점을 이동하잖아요. 익숙해질 만한데 왜 바꾸나 싶겠지만, 그래야 부정이 자라지 못하기 때문이에요. 돈과 직접 연관이 있는 부서 담당자들은 타 계열사로 이동하거나 업무를 바꿔 비리를 근절할 수 있는 구조를 만들고 있습니다.

— 회사마다 비리를 감시하는 감사 팀을 운영하지 않습니까? 감사 팀을 효과적으로 운용하는 회장님만의 노하우가 있으신가요?

감사 팀은 사고가 일어난 뒤에 수습을 하거나 직원들을 징계하려고 존재하는 게 아닙니다. 나는 감사 팀 책임자에게 "도둑을 잡으러 다니지 말고, 도둑이 드나드는 구멍을 막으라"라고 이야기합니다. 애초에 도둑이 드나들지 못하게 해야지 맨날 도둑만 쫓다가는 다 잡지도 못하고, 사고는 계속 일어나요.

회사에서 비리를 저지르는 사람 중에는 유능한 이들이 많아요. 머리가 좋으니까 빈틈이 보이고 유혹을 이기지 못하는 거예요. 그들이 사고를 쳐서 퇴사하면 회사 입장에서도 손해예요. 유능한 사람이 윤리적으로 일할 수 있는 구조를 만들어야 하지요. 그래서 감사 팀은 사고가 날 수 있는 곳을 찾아 미연에 방지하는 시스템을 구축하는 조직입니다. 돈 1만 원도 함부로 쓸 수 없게 회계 시스템, 결재 시스템을 점검하고, 혹시라도 잘못했다면 바로 드러나는 구조를 만드는 것이 감사 팀의 진정한 역할입니다.

— 감사 업무에 대해 명확하게 정의해 주신 것 같습니다. "도둑을 잡으러 다니기보다는 도둑질하지 못하는 구조를 만들라"라는 말씀이지요.

비리를 저지른 사람을 몇 명 찾았는지, 어떤 징계를 줬는지를 따지는 것이 일을 잘하는 것이 아닙니다. 화재가 일어나 건

물이 모두 불타버린 후에 화재경보기를 다는 것이 무슨 소용이 있어요. 화재가 일어날 만한 지점을 미리 파악해서 화재경보기를 설치하고, 곳곳에 소화기를 비치해 불이 나지 않도록 예방하는 일이 더 중요하지요.

— 조직 운영의 투명성도 매우 중요한 것 같습니다. 특정한 사람에게만 기회를 준다거나, 혜택이 한쪽에만 몰린다면 그 조직에는 공정성이 없는 것이니까요. 조직 운영의 투명성 강화를 위해 어떤 노력이 필요할까요?

인간은 기본적으로 잘해주는 사람에게 끌리게 돼 있어요. 특히 우리나라 사람은 정에 약하잖아요. 나만 해도 자주 만나서 밥 먹고, 이야기 나누는 사람에게 마음이 가요. 그러다 보면 이 사람이 좋아하는 것과 바라는 것이 무언인지를 고려하게 됩니다.

조직 운영을 잘하려면 인간적인 정은 유지하되, 가깝다는 이유로, 정 때문에 공정성을 해치지는 말아야 합니다. 웅진에서 동문회, 향우회를 금지하는 것도 이 때문이에요. 사내에서 주고받을 수 있는 선물을 책 한 권으로 정한 것도 공정성을 유지하기 위한 노력이고요. 가깝게 지내다 보면 아무래도 후배를 먼저 챙겨주고, 승진시켜 주고 싶은 마음이 생기지 않겠어요?

나는 지금도 어떤 결정을 할 때 '공정한가?'를 가장 먼저 생각합니다. 특히 인사 문제에서 나랑 가깝다는 이유로 기회나 혜택을 준 일은 없습니다. 아직까지 내외부에서 공정하지 못하다는 불만을 듣지는 않았습니다. 그것이 오랜 세월이 지나면서 조직 운영의 투명성, 신뢰로 쌓입니다. 이런 문화가 정착되려면 많은 노력과 긴 시간이 걸립니다.

— 공정성을 가늠하는 공통의 기준과 수치가 있지는 않은데요. 회장님이 공정하다고 판단하는 기준은 무엇입니까?

매번 결정할 때마다 공정한가를 생각하지만, 경우와 상황이 달라서 판단하기가 정말 어려워요. 공정성을 정확하게 자로 잴 수는 없으니까요. 인사 평가를 할 때 영업 팀은 결과가 수치로 나오지만, 콜센터의 친절도는 수치화하기가 어려워요. 그렇다고 상사의 마음대로 평가를 해버리면 내부에서는 불만이 터져 나옵니다. 관리자는 공정성을 확보할 수 있는 기준을 세우고, 판단할 수밖에 없어요.

공정성을 지키는 게 때로 매정하게 느껴질 수도 있어요. 평소에는 A와 술을 더 자주 마셨는데, 승진은 B를 시켰다면 A는 섭섭하겠지요. '나는 가까운 사이라고 생각하고 기대했는데, 우리 팀장은 내가 아닌 B를 승진시키는구나!' 라고 생각할 수 있어요.

그렇더라도 공정한 편이 나아요. 공정하지 못한 상사는 나쁘다고 생각하지만, 공정한 상사는 "냉정하지만 나쁜 사람은 아니다"라고 평가해요. 공정한 사람이 더 오래 리더 자리에 머물 수 있고, 떠날 때는 "가끔 섭섭한 적은 있었어도 우리 팀장은 언제나 공정해서 좋았어"라고 합니다. 길게 보면 나쁜 사람보다는 조금 매정하더라도 공정한 상사를 오래 존경하는 법이고요.

앞으로 조직 운영에서 공정성은 더욱 중요해질 거예요. 공직사회뿐 아니라 일반기업도 그래요. 우리나라가 투명하게 공개된 사회로 가기 때문이에요. 사회가 선진화될수록, 공정성은 매우 중요한 가치입니다.

— 회장님은 투명경영이 위기가 발생했을 때 엄청난 힘을 발휘했다고 하셨습니다. 아무래도 회장님 경험에서 우러나온 말씀이시지요?

2012년 웅진이 법정관리에 들어갈 정도로 어려웠지만 다시 살아난 이유가 투명경영 때문이었어요. 우리나라 기업 중 법정관리를 겪고 난 후에 제자리를 찾은 경우가 거의 없어요. 아마 이 정도로 정상화된 기업은 웅진이 거의 유일할 겁니다. 재판

부에서 '웅진은 우리나라 법정관리 제도의 모범 사례'라고 평가할 정도니까요.

회사가 어려움에 빠지면 그 자체로도 힘들지만 그간 비윤리적인 행태가 발목을 잡아요. 각종 정부 기관에서 조사받으면서 숨겨놨던 비자금, 횡령, 탈세가 드러나는 거지요. 그럼 오너나 경영자가 구속되고, 기업활동이 멈추고, 기업가치가 추락하면서 결국 무너져요.

웅진은 법정관리를 받으면서도 이런 구멍이 없었어요. 창업 이후 지금까지 투명경영을 해온 덕분이지요. 금융감독원에서 6개월, 검찰에서 8개월 동안 거미줄처럼 촘촘한 조사를 받았는데 내 개인 비리가 하나도 없었어요. 계열사 사장들도 비리 행위가 일절 없었고요. 우리 회사 전현직 임직원 150여 명을 조사했는데도 단 한 건도 문제될 일이 없었어요.

오죽하면 조사를 받고 나오는데 담당했던 부장검사가 "회장님, 그동안 참 잘 살아오셨습니다"라고 하더군요. 조사받은 직원들도 단 한 명도 예외 없이 "웅진은 그런 회사가 아니다"라고 했대요. 그중에 반은 퇴직자들이었는데 그들조차도 똑같이 이야기했다고 합니다. 투명경영을 하지 않았다면 웅진은 그 어려움 속에서 다시 살아날 수 없었어요. 투명경영 덕분에 직원들의 신뢰를 얻었고 그게 어려울 때 큰 힘이 됐습니다.

회장이 투명경영을 하면 직원들에게 존경을 받는 것은 물론

이고, 불만이 생기더라도 회사를 믿기 때문에 오래 쌓아두지 않습니다. 직원들이 회사에 자부심을 갖는 것도 투명경영이 만들어 주는 자산입니다.

지속 가능한 기업이 되는 길

— 많은 사람들이 여러 방면에서 '기업의 사회적책임'을 요구합니다. 기업의 사회적책임이란 무엇일까요?

기업의 사회적책임이 단순히 어려운 이웃을 돕는 것에만 있다고 생각하지 않습니다. 기업의 가장 중요한 사회적책임은 기업을 잘 경영하는 것입니다. 기업을 성장시켜 고용을 늘리고, 수출을 많이 하고, 성실하게 세금을 납부하고, 직원들에게 희망을 주는 것이 진짜 사회공헌이에요. 경영자가 기업경영을 잘하고 있다면 그 자체가 이미 사회적책임을 지고 있는 것입니다. 그러고 난 후에 기업경영으로 발생한 이익을 어려운 사람들, 사회와 함께 나누는 노력이 필요합니다.

단, 회사에서 낸 돈을 마치 CEO 개인이 기부하는 것처럼 생색내는 일은 하지 말아야 합니다. 기업의 이윤으로 내는 기부금을 '○○○ 회장의 기부금'이라고 텔레비전이나 신문에 발표

하면서 이름과 사진을 싣는 것 말입니다. 언론은 회장의 선행을 대대적으로 보도해요. 자세한 상황을 잘 모르는 사람들은 회장이 사회를 위해 선행을 한다는 긍정적인 이미지를 갖겠지요.

그건 어떤 면에서 국민들을 속이는 것일지도 몰라요. 오너가 기부하려면 개인 재산으로 하고, 회사의 이윤으로 좋은 일을 한다면 마땅히 회사 이름으로 나가도록 해야지요. 두 가지를 구분하지 않고, 회삿돈으로 기부하면서 마치 개인이 하는 것처럼 혼동을 주는 것은 적절하지 않다고 생각합니다.

— 최근에는 기업의 비재무적 요소인 환경(Environmental), 사회(Social), 지배구조(Governance)의 앞 글자를 딴 ESG가 기업경영의 화두가 되고 있는데요, 회장님께서는 ESG가 왜 중요하다고 생각하시나요? 기업의 이런 변화를 어떻게 보십니까?

ESG 경영은 기업마다 편차가 있습니다. 어떤 기업에게는 생사가 달린 문제이고 대규모 전환을 고려해야 하기도 합니다. 과거에 우리는 환경에 대해 깊게 생각하지 않고 성장에 중심을 뒀지요. 요즘 ESG 경영이 강조되면서 정부의 정책만으로도 기업이 힘들다거나 성장이 우려된다는 이야기가 나오지만, 나는 그래도 해야 한다고 생각합니다. 선택의 문제가 아니라 우리의 삶이 달린 문제입니다. 환경문제로 인한 재앙이 많이 발생하고 있고 코로나19도 그중 하나라고 할 수 있어요. 석탄과 석유 등 에너지를 많이 사용하는 기업일수록 환경문제를 심각하게 인식하고 기술적으로 바꿀 수 있는 방법을 찾아야 합니다.

전기자동차가 좋은 예입니다. 자동차 매연을 줄이기 위해 정부가 전기자동차 지원방안을 내놨고 전기자동차 관련주는 강세를 보이고 있지요. 10년 후에는 일반 자동차를 찾는 게 어려워질 거라고 예상합니다. 이미 환경을 위한 큰 변화가 시작됐습니다. 자동차 이외의 분야에서도 기술적, 전략적 발전을 통해 이런 변화를 이끌어 내야 해요.

에너지절감 솔루션처럼 거시적 차원의 노력뿐만 아니라 미시적인 관점에서의 노력도 필요합니다. 플라스틱 용기, 비닐 등을 줄이고 환경친화적으로 바꿔야 하는 것도 많습니다. 중국의 영향으로 미세먼지가 심하다고 하지만 국내에서 발생되는 양도 적지 않아요. 우리 스스로도 바꿀 수 있는 게 많고, 그만큼 정부의 정책과 기업의 노력이 병행돼야 합니다.

— 실제로 ESG 경영은 기업의 편차가 큰 것 같습니다. 에너지, 석유화학 분야에서는 비상사태를 맞은 것처럼 준비하고 있고, 유통업계는 소비자에게 선택받기 위해 기업이미지 향상 차원에서 실천하고 있습니다. 회장님께서는 기

업이 좋은 평가를 받기 위해 ESG 경영을 하는 게 아니라, 환경을 위해 무엇을 할 수 있을지 진심으로 고민해야 한다는 걸 강조하시는군요.

ESG의 'S'가 '사회'를 의미하는데 회장님은 ESG가 유행하기 전부터 사회적 기여에 대해 늘 말씀하셨습니다. 기업의 성장과 사회적 기여는 어떻게 연결되며, 과거에 비해 향후 ESG 관점에서의 사회공헌은 어떻게 달라져야 할까요?

기업의 사회공헌은 이제 환경문제를 해결하려는 적극적인 노력으로 이어져야 합니다. 어린 시절 나는 고향인 충남 공주시에 있는 유구천에서 자주 멱을 감았습니다. 좀 더 자란 뒤에는 그물을 이용해 물고기를 잡는 천렵을 했지요. 사업을 시작한 뒤에도 동료들과 여름이면 유구천에 가서 천렵했고 그렇게 잡은 물고기를 넣어 수제비를 끓여 먹기도 했습니다. 그런데 1990년대 들어서자 유구천에서 등이 휜 물고기가 나왔어요. 10마리를 잡으면 1~2마리가 등이 휜 것을 보면서 냇물이 썩어가고 있다는 걸 알았고 그때부터 천렵을 멈췄습니다.

그리고 우리 회사가 사회공헌 차원에서 이 문제를 개선해보자고 생각했어요. 알아보니 가축을 키우면서 나오는 폐수를 정화하지 않고 그대로 내보낸 것이 원인이더군요. 지방자치제가 시작되면서 민심이 선거에 영향을 미칠까 봐 엄격하게 관리하지 못하는 모양이었습니다. 이 문제를 해결하지 않고는 유구천을 되살릴 수 없다고 판단했고, 결국 공주시와 협의해 정화작업을 했습니다.

농부들이 사용한 농약도 유구천을 오염시킨 또 하나의 원인이었습니다. 농약 사용을 무조건 막는 건 어려우니, 무농약으로 재배한 쌀을 우리 회사가 높은 가격에 구입하면서 유기농 재배를 장려했어요. 또 농약병과 비닐을 수거해 오는 사람들에게는 비용을 지불하면서 유구천을 깨끗하게 만들기 위해 투자했습니다. 그 결과 유구천은 다시 1급수가 됐지요.

나는 유구천의 수질을 되살리는 과정에서 교육이 꼭 필요하다고 생각했습니다. 그래서 이진 전 환경부 차관을 우리 회사에 모셔왔고 나도 직접 나서서 초중고생들에게 환경문제에 대해 교육했습니다. 기업이 어딘가에 돈을 기부하는 것도 좋지만 그보다는 이처럼 환경에 관심을 가지고 환경문제 개선을 위해 투자하는 것이 중요합니다.

— 기업에서 단순히 해야 하기 때문에 ESG 목표를 세우는 경우가 있는데, 회장님이 말씀하신 유구천의 예는 문제해결 과정에서 진심이 느껴집니다. 문제를 발견하고 물을 깨끗하게 하겠다는 목표를 세운 뒤 그것을 해결해 가

는 절차가 곧 지역사회의 성장과 복지로 연결됐다는 생각이 드네요. 요즘 MZ세대들은 '필환경 트렌드'라고 해서 환경 이슈, 기후변화, 동물복지 등에 관심이 많습니다. 개인적으로 이를 어떻게 실천할 수 있을까요?

이제 환경문제는 막연한 것이 아니라 바로 눈앞에 닥친 문제로 심각하게 받아들여야 합니다. 과거에 없었던 이상기후가 나타나고 많은 자연재해가 발생하는 것도 환경이 오염되면서 비롯된 문제예요. 흔히 국가나 기업에서 큰 것부터 해결해야 한다고 생각하기 쉽지만 작은 행동들이 모여 환경에 영향을 미칩니다. 그만큼 환경 이슈에서는 개인의 실천이 중요합니다.

먼저, 일상생활에서 생필품을 끝까지 사용하는 것이 환경에 도움이 됩니다. 사람들이 쉽게 소비하고 버리는 것이 많아질수록 환경문제는 더 심각해져요. 일상에서 습관적으로 화장지를 사용하는 경우가 많은데 되도록 수건을 사용하고 재활용을 실천해야 합니다. 화장품을 비건 화장품으로 바꾸는 것도 환경을 위해서 필요한 일입니다. 그리고 언젠가부터 사람들이 커피가 담긴 종이컵을 하나씩 손에 들고 이동하는 것을 쉽게 볼 수 있습니다. 일회용이지만 종이니까 괜찮다고 생각할 수 있지만 그렇지 않습니다. 산림보호를 위해 종이컵을 사용하지 않고 개인 컵이나 텀블러를 가지고 다니는 행동이 필요해요.

환경을 위해서는 음식문화도 개선해야 합니다. 당장 눈에 보이지는 않지만 매일 배출되는 엄청난 양의 음식물 쓰레기가 환경오염으로 연결되니, 음식을 덜어 먹고 남기지 않는 습관을 들여야 합니다. 식당에서는 사람들이 필요한 양만큼 먹을 수 있도록 시스템을 바꿔야 해요. 학교에서는 아이들에게 음식물 쓰레기가 환경을 오염시킨다는 것을 교육해야 하고 부모의 의식 변화도 중요합니다.

우리나라가 가난했을 때는 쉽게 쓰고 버리는 것을 낭비로만 생각했지만 이제는 환경문제의 차원에서 바라봐야 합니다. 환경을 생각한다면 제대로 사용하지 않고 버리는 물건이나 한입 먹고 버리는 음식이 줄어들 거예요. 이런 실천은 개인의 의식 변화가 바탕이 돼야 가능합니다. 변화하지 않으면 우리 스스로 재앙을 만드는 거라고 생각하고 죄의식을 가져야 해요. 지금은 느리게 성장하더라도 더 좋은 환경에 사는 것이 중요합니다. 이미 우리는 환경문제로 인한 피해를 겪고 있어요. 공기가 나빠서 마스크를 써야 하고 정수기를 사용하거나 생수를 구입해 먹는 시대가 됐으니까요. 환경오염으로 인한 재앙을 막기 위해서는 개인이 일상생활 속에서 노력해야 합니다. 그렇지 않으면 우리 스스로가 삶의 질을 떨어뜨리게 되는 겁니다.

나를 돌파하는
힘

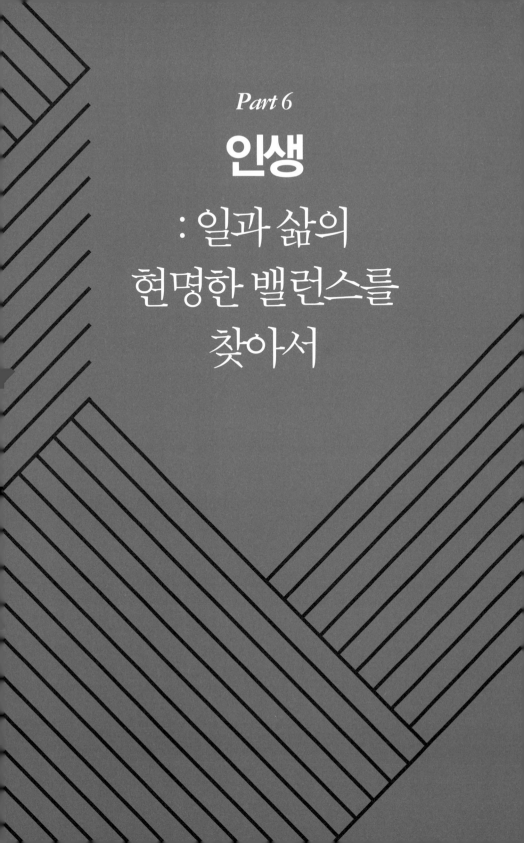

Part 6

인생

: 일과 삶의
현명한 밸런스를
찾아서

삶은 선택의 연속이다. 취업, 사랑, 결혼, 출산과 육아, 승진⋯⋯. 끝없이 이어지는 인생의 단계에서 선택을 거듭해야 한다. '저 사람과 결혼해야 할까', '육아를 위해 회사를 그만둬야 할까'처럼 누구나 한 번쯤은 심각하게 고민해야 하는 질문들이 꼬리에 꼬리를 문다.

독일의 철학자 악셀 호네트(Axel Honneth)는 인간은 근본적으로 타인으로부터 인정을 원하는 존재라고 했다. 인지심리학자인 김경일 교수에 따르면, 한국 사회는 그 어느 나라보다도 '인정투쟁'이 강한 나라다.* 타인의 인정에서 나의 존재감을 확인하는 한국 사회에서, 우리가 내리는 인생의 결정은 어쩌면 스스로 선택한 것이 아닐 수도 있다. 그렇다면 우리는 어떤 선택을 해야 행복할 수 있을까?

_____

* 김경일, 『김경일의 지혜로운 인간생활』, 저녁달, 2022.

이상과 현실 사이에서 고민하는 이들에게

— 다들 꿈이 있어야 한다고 말하지만, 사실 꿈이 없는 사람도 있습니다. 생활이 너무 어려워 꿈조차 꿀 수 없는 상황에 있는 경우 말입니다. 꼭 꿈이 있어야 할까요?

물론입니다. 그럴수록 더 꿈이 있어야 합니다. 꿈이 있는 사람과 없는 사람을 비교하면 그 차이가 확연해요. 꿈이 있는 사람은 의욕이 있고, 힘이 있어요. 꿈이 없는 사람은 생동감이 없고, 삶이 지루해요. 꿈이 생활의 활력을 만들기 때문입니다. 현실이 힘들다면 장기적인 꿈, 단기적인 꿈으로 나눠보면 도움이 될 것입니다. 너무 큰 꿈은 이루기 어려우니 작은 것부터 생각하고 하나씩 달성해 가는 거예요.

꿈은 바뀌어도 상관없지만, 늘 마음속에 품고 있어야 해요. 비록 연애도 못하는 현실이지만 '나는 우리 학교에서 제일 인기 있는 여학생이랑 연애할 거다'라고 꿈꾸는 것만으로도 생활의 활력이 생겨요. 그 여학생에 잘 보이려고 공부도 열심히 할 거고, 외모도 꾸밀 거 아니에요.

꿈이 있으면 그 꿈을 향해 노력하면서 삶의 가치도 커집니다. 종류도, 크기도 상관없지만 살아 있는 사람이라면 반드시 꿈을 꿔야 합니다.

— 회장님 말씀을 듣고 보니 꿈을 거창하게만 생각했던 것 같습니다. 사회적 성공이나 출세 같은 부담스러운 표현으로 받아들였고요. 작은 꿈도 괜찮다, 비록 현실적이지 못하더라도 가장 멋진 여성과 연애하겠다는 꿈이라도 꿔야 한다는 말씀이잖아요.

꿈이 너무 거창하면 괴리감을 느껴서 시작도 하기 전에 미리 포기합니다. 가능성, 희망으로만 생각돼서 실행이 어려워요. 작은 꿈부터 시작하고 실천 가능한 것부터 달성하다 보면 삶이 달라질 거예요.

— 성취감을 느낄 수 있는 작은 꿈이나 목표부터 차근차근 시작하는 것이 좋겠네요. 회장님이 젊은 시절 어떤 꿈을 꾸셨나요?

내가 브리태니커회사에서 일하면서 1년 반 동안 품었던 꿈이 있어요. 외국인의 투자를 받아 사업을 하겠다는 꿈이었지요. 그 꿈을 가까운 사람 몇몇에게 설명했는데 별 반응이 없었어요. 너무 어처구니가 없으니까 그랬던 것 같아요. 해외여행 자유화도 되지 않았고 해외 정보도 부족했던 1970년대였지요. 그때 나는 외국에 가본 적도 없었고, 외국인 친구도 없었고, 외국어도 못했어요. 그런데 해외자본을 투자받는다는 꿈을 꾸고 있으니까, 듣는 사람도 어이가 없었을 거예요.

나는 나름 근거가 있었어요. 내가 브리태니커회사에서 전 세계 최고의 실적을 낸 직원에게 주는 벤튼상을 받을 정도로 높은 판매 기록을 가지고 있으니, 나의 영업력, 판매력을 설명하면 투자를 받을 수 있겠다고 믿었어요. 나는 실현 가능하다고 생각하고 노트에 꿈을 구체화시키는 계획들을 매일 적었어요. 그리고 정말 꿈이 이뤄졌지요. 만일 내가 꿈꾸지 않았다면 투자를 받기 위해 미국에 가는 일도 없었을 것이고, 돌아오는 길에 일본의 헤임인터내셔널이라는 회사에 찾아가는 일조차 없었을 거예요. 해외 자본을 들여오는 것은 불가능한 일이라 여기고 도전하지 않았다면 지금의 나는 없었어요. 꿈을 꾸지 않는 사람은 아무것도 이룰 수 없어요. 꿈을 꿔야 미래가 달라집니다.

— 현실이 어렵다고 꿈을 꾸지 못하는 것도 어찌 보면 핑계일 수 있다는 생각도 듭니다. 회장님의 경험을 들으니 삶은 꿈꾸는 방향으로 가는 것 같습니다. 그렇지만 현실은 늘 고민의 연속입니다. 예를 들어 육아를 하는 여성이 해외에서 학위를 따는 꿈을 가지고 있어요. 좋은 엄마로 살 것이냐, 내 꿈을 이루기 위해 과감하게 떠날 것이냐? 현실과 꿈 사이에서 늘 고민하고 있거든요.

나이 들어 가장 후회하는 것이 '그때 그렇게 할걸'이에요. '거절당하더라도 그 이성에게 데이트하자고 말이나 해볼걸', '그때 공부를 시작했더라면 지금쯤 뭔가 이루었을 텐데……' 하잖아요. 어떤 것을 하겠다고 결심할 때 제약 요소는 반드시 있어요. 돈이 부족하고 아이가 있다는 현실에 부딪치면 꿈을 포기하지요.

미래를 위해 도움이 된다면 제약 요소가 있더라도 시작하는 것이 옳다고 봐요. 제약이 없는 일은 없어요. 돈이 생기고 아이가 커서 다시 공부할 수 있을 때는 건강하지 않을 수도 있어요.

일찍 시작하지 않은 것이 두고두고 마음에 후회로 남을 거예요. '그때 내가 왜 바보같이 그 기회를 포기했을까?'라고 후회하지요. 후회보다는 제약 요소를 극복하고 무엇이든 시작하는 방향이 나은 것 같아요. 그래야 인생이 활기차고, 후회가 적은 삶을 살 수 있으니까요.

　— 어차피 정답이 없는 문제이지만, 회장님은 후회하지 않는 쪽으로, 하고 싶은 일은 시작하는 것이 좋다는 생각이시군요. 젊은이들 중에는 그 꿈이 자기 꿈인지, 부모가 원하는 길을 대신 이루고 있는지 모르는 경우도 있어요. 자신이 뭘 잘하는지도 모르고 그냥 달리고만 있는 것이지요. 자신이 원하는 꿈을 찾는 방법이 있을까요?

자신이 가장 잘하는 것이 무엇인지 찾아보세요. 영어를 조금 한다면 '다른 사람들이 놀랄 만큼 영어를 잘해보자!'를 꿈꾸는 거지요. 조금 잘하는 것은 작은 즐거움은 있어도 큰 경쟁력이 되기는 어려워요. 압도적인 수준으로 실력을 끌어올리는 꿈을 꾸면, 인생이 훨씬 윤택해질 거예요.

꿈을 꾸면 미래가 행복해요. 아무렇게나 살면 몸은 편할 수는 있어도 나중에 후회를 많이 하지요. '다시 태어나면 새로 시작하겠다'라고 하지만 오늘은 다시 오지 않고, 청춘은 기다려

주지 않아요.

　20~30대 젊은이들 중 나이가 많아서 새로 시작하지 못한다고 말하는 사람들이 있어요. 지금 나이가 굉장히 많은 것 같지만 오늘이 가장 젊은 날이에요. 영화배우 신영균 선생과 친분이 있는데 연세가 90세가 넘었어요. 그런데 아직도 활기차고 의욕이 넘쳐요. 그분이 보기에는 내가 무척 젊어 보이는 거예요. 그 나이면 뭐든 새로 시작할 수 있겠다 생각하시지요. 예전에 함께 일하던 부회장님은 나보다 열 살이 많은데, 늘 내 나이가 젊다며 부러워하셨어요.

　나는 또 20~30대 청년들을 보면 젊음이 너무 부러워요. 그렇다고 젊은 사람들을 부러워만 하고, 내 나이가 많다고 꿈을 포기하면 앞으로 남은 인생에서 뭘 이룰 수 있겠어요? 젊음에는 희망, 꿈, 기회가 무궁무진해요. 꿈과 희망을 가지고 앞으로 나아가야 합니다.

　— 사실 직장에 다니는 보통의 사람들은 대단한 꿈이 없어요. 다람쥐 쳇바퀴 돌듯 반복되는 일상이 재미가 없고, 나의 회사가 아니라고 생각하니 꿈도 생기지 않아요. 평범한 회사원도 꿈을 가질 수 있을까요?

　무척 좋은 질문입니다. 회사에서 꿈을 가지려면 먼저 그 조직에 필요한 사람이 돼야 해요. 회사가 '저 사람은 얼른 나가줬으면 좋겠다' 하는 사람과 '저 사람 나가면 회사가 큰일나지!' 하는 사람, 누가 더 꿈꾸기 좋고, 꿈을 이룰 기회가 많겠어요?

회사에서 좋은 대접을 받는 사람은 꿈을 꿀 수 있어요. 더 높이 올라갈 수 있는 꿈, 더 많은 일을 경험해 볼 수 있는 꿈 말입니다. 그럼 어떤 사람이 회사에서 대접받으며 일할 수 있을까요? 자신이 하는 일에 긍지를 가지고 성과를 만들어 내는 사람이겠지요.

교회를 짓는 벽돌공에게 "무엇을 하십니까?"라고 물었어요. "보면 모르시오? 벽돌을 쌓고 있지 않소. 힘들어 죽겠소" 하는 사람이 있는 반면에 "나는 하느님의 성전을 짓는 위대한 일을 하고 있소"라고 대답하는 사람이 있어요. 성전을 짓는 위대한 일을 한다고 생각하는 사람은 벽돌 하나하나 쌓는 데에 정성을 쏟을 거예요. 자신이 위대한 일을 하고 있다고 믿으니까요.

직장에서도 창의적인 사람, 자신이 하는 일에 자부심을 갖는 사람, 성과를 내는 사람이 대접받아요. 회사에서 꼭 필요한 사람이 되면 꿈을 꿀 수 있어요. 꿈이 있어야 직장 생활이 즐겁고요. '회사가 내 것도 아닌데 왜 열심히 해?', '회사가 잘돼도 나하고는 상관없다'라고 생각하면 회사도 그 사람을 귀중하게 여기지 않아요. 그런 직장 생활은 재미도 없고, 꿈을 꿀 수도, 꿈을 이룰 수도 없어요.

나만의 전문성으로 승부하라

— 육아와 업무를 병행하는 워킹맘의 이야기를 들어보면 본의 아니게 주변 동료들에게 피해를 주는 일이 발생해 미안하기도 하고 그렇다고 자녀를 잘 키우고 있다는 생각도 들지 않으니 이중으로 힘들다고 합니다. 그래도 그만두는 것보다 견디는 편이 나을까요?

어차피 지금은 여성도 일해야 하는 시대입니다. 육아를 위해 그만두면 나중에 아이가 자란 뒤 자신의 인생을 돌아봤을 때 허무함을 느낄 수 있어요. 요즘은 남편도 함께 육아를 하니까 직장을 그만두는 것보다는 일을 계속하면서 일과 육아를 구분해서 각각 전념하는 게 중요합니다. 아이에게 너무 매이는 것은 아이와 엄마 모두에게 좋지 않아요. 직장 생활을 하면서 육아를 하는 여성들이 많은데 그들이 아이를 잘못 양육하는가 하면 그렇지 않아요. 오히려 창의적이고 독립심이 강한 아이로 키우지요. 아이의 모든 문제를 다 해결해 주겠다는 마음은 버리는 게 좋습니다.

동시에 자신의 분야에서 전문가가 되기 위해 끊임없이 노력하고 공부해야 합니다. 아이에게 집중하느라 경쟁력이 떨어지면 자신의 위치도 흔들리게 될 거예요. 남편과 번갈아 아이를 돌보고 언제나 아이 편에만 서는 게 아니라 어렸을 때부터 독립적이고 공정한 게 무엇인지 가르쳐 줘야 합니다. 자립심을 키워주는 방식으로 양육하면 아이에게도 도움이 되고 본인도 직장 생활을 병행할 수 있을 거예요. 중간에 그만두고 나중에 후회하는 것보다 더 발전적이지요.

　— 평균수명이 급속히 늘어나면서 팀장이나 부장급 직원들은 은퇴 이후에 길어진 삶에 대한 고민도 많은데요. 인생 제2막에 대해 고민하는 사람들에게는 어떤 조언을 해주시겠습니까?

　최소한 한두 가지는 특별히 잘하는 것이 있어야 한다는 생각을 가지고 직장 생활을 해야 합니다. 그러면 은퇴 후에도 찾는 곳이 있고 잘하는 것을 바탕으로 독립할 수도 있으니 고민이 줄어들겠지요. 자기만의 전문성으로 다른 사람에게 확실한 인상을 남기면 새로운 길로 향하는 문이 쉽게 열릴 수 있습니다. 최근 일본에서는 은퇴한 직원을 다시 채용하거나 정년이 됐는데도 계속 회사에 남아달라고 요청하는 경우가 많습니다. 우리나라도 그런 경우가 늘어나고 있어요. 기업에 필요한 사람이 되면 붙잡는 거예요. 그리고 상사나 동료와의 관계가 아주 중요합니다. 직장에서 함께 일한 사람들의 소개를 통해 다른 일을 하게 되는 경우가 많기 때문이에요. 평판이 좋고 어디든 소개해 주고 싶은 사람이 되면 인생 제2막에 대해서도 걱정할 필요가 없습니다.

— 2000년대 초반까지만 해도 직장을 고르는 기준은 연봉이 1순위였습니다. 그런데 연봉이 높은 회사일수록 일도 많고, 스트레스도 많이 받는다는 것을 알게 되면서 요즘 청년들이 직장을 선택하는 기준은 과거와 다릅니다. 워라밸(Work-life balance, 일과 삶의 균형)이라고 해서 연봉보다는 조직의 분위기를 보고 직장을 선택하는 경향이 뚜렷해졌습니다. 기성세대들은 요즘 젊은이들이 일을 많이 하지 않으려고 한다고 우려하기도 합니다. 회장님은 이런 변화를 어떻게 보시는지요?

아주 좋은 변화라고 생각합니다. 나는 "사업하느라 짜장면만 먹고, 주말에도 밤낮없이 일만 했다"라고 자랑처럼 말하는 사람을 제일 불쌍하게 여깁니다. 나도 젊은 시절 백과사전을 팔 때는 하나라도 더 팔기 위해 주말에도 일했고, 명절에 고향에 내려갈 여유도 없었어요. 그러나 한 조직의 매니저, 리더가 된 뒤로는 그렇게 하지 않았습니다.

나는 노는 것을 무척 즐기는 사람입니다. 평일에는 특별한 업무상의 이유가 아니면 골프를 치지 않습니다. 월요일부터 금요일까지 열심히 일하고 토, 일요일은 즐겁게 놉니다. 골프를 치고 바둑도 두고, 좋아하는 사람들을 만나 식사도 합니다. 리더도 삶을 즐길 줄 알아야지요. 그래야 창의력도 나와요.

일과 삶의 조화가 필요합니다. 일을 몰아서 하고, 자신만의 시간을 가져야 한다는 말이에요. 평일 낮에 열심히 일한 만큼, 평일 저녁 시간이나 주말은 온전히 나를 위한 시간입니다. 나는 저녁이나 주말에 기조실장이나 사장에게 연락하지 않습니다. 나도 쉬어야 하고, 그들도 일에서 벗어나 휴식을 취해야 하니까요. 최근에 그런 것이 아니라 1980년 웅진기업을 설립한 이후 지금까지 그렇게 해오고 있어요.

시간이 없다는 것은 일의 배분을 잘하지 못하고 있다는 방증입니다. 리더는 시간을 효율적으로 쓸 줄 알아야 해요. 일만하는 리더는 나중에 후회할 거예요. 일할 때 집중해서 일하고, 놀 때는 모든 것을 잊고 신나게 놀아요. 일하면서 놀 생각하고, 놀면서 일 생각하는 것은 어리석어요. 자신만의 휴식 시간, 자신의 내면을 채우는 휴식 방법을 찾아야 합니다.

긍정도 습관이다

— 나이가 들고, 각자 생활이 바빠지면서 친한 친구들과 점점 멀어지는 느낌이 들어요. 1년에 몇 번 만나기도 쉽지 않고요. 친구를 잃지 않는 방법이 있을까요?

친구들을 만나 보면 다시 만나기 싫은 사람들이 있어요. 내가 전혀 관심 없는 주제를 이야기하는 사람이 그래요. 나는 야구에 관심이 없는데 식사 시간 내내 야구 이야기만 하면, 그 사람은 다음에 만나고 싶지 않아요. 재미가 없으니까요. 또 인색한 사람이 그래요. 내가 몇 번 밥을 샀는데, 커피 한 잔을 안 사는 친구는 만나기 싫어요. 약속을 안 지키는 사람, 기껏 약속했는데 별 이유 없이 당일에 취소해 버리는 친구는 나를 만날 생각이 없나 보다 생각하고 다음 모임에 부르지 않아요.

인간은 사람과의 관계 속에서 행복을 느껴요. 아무도 찾지 않는 사람은 외롭고 나중에 후회해요. '좀 더 베풀면서 살 걸' 하면서요. 친구 관계를 유지하려면 좋은 친구가 돼주는 것이 먼저예요. 나는 아무리 바빠도 친구들과 한 약속은 꼭 지키려고 노력해요. 전화도 자주 하고, 문자메시지나 메신저도 먼저 보내요. 내가 보낸 것에 비례해서 답장이 와요. 친구들과 만나면 공통의 관심사로 대화를 이끌어요. 그래야 재미있어서 나를 자주 만나고 싶을 거 아니에요? 좋은 친구를 가지려면 먼저 좋은 친구가 돼주세요.

— MZ세대들이 많이 활동하는 인터넷 커뮤니티에 자주 등장하는 질문이 있습니다. "20대에 꼭 해야 할 일이 있을까요?" 혹은 "30대에 꼭 해야 할 일이 있을까요?"와 같은 질문인데요. 그런 것이 있을까요?

꼭 해야 할 것이 있습니다. 나는 스물일곱 살부터 지금까지 "행복하다"라는 말을 자주 합니다. 실제로 그래요. 그때부터 부정적인 생각을 긍정적으로 바꾸기 위해 노력해 왔어요. 행복해지려면 긍정적이어야 합니다. 같은 20대라도 표정이 늘 밝고 의욕이 넘치며 꿈이 많아 보이는 사람이 있지요. 눈동자가 생기 있게 빛나고 자신감이 있는 사람은 긍정적인 사람입니다.

20대든 30대든 바로 지금부터 긍정적으로 변화해야 해요. 습관을 바꾸는 건 그만큼 어려운 일이니 평생에 걸쳐서 바꿔야 합니다. 우선 1년 정도 노력해서 습관화하는 것이 중요해요. 요즘도 나는 나쁜 일들이 생기면 긍정적인 면을 보려고 노력합니다. 여러 가지 이유로 부정적인 일이 생길 수 있는데 긍정적으로 생각하면 아무것도 아닌 일이 되지요. 같은 상황에서도 긍정적인 사람과 부정적인 사람은 문제를 바라보는 시각이 달라요. 젊은 세대가 해야 할 일이 여러 가지가 있겠지만 먼저 자신을 긍정적으로 바꾸는 일부터 해야 합니다.

— 지금 꼭 해야 하는 게 무엇인지 질문하는 사람들은 자신에 대한 고민이 부족해서 다른 사람에게 물어보고 답을 얻으려 하는 것 같습니다. 여행을 다니거나 책을 보는 것도 중요하지만 회장님께서는 그런 것보다 한 살이라도 어릴 때 긍정적으로 사고하는 방식을 연습하라고 강조하시는군요.

내 사람을 선택하는 안목

— 청년들이 주로 하는 고민은 역시 연애, 사랑, 결혼이지요. 연애를 할 때 어떤 사람과 해야 할까요? 혹은 어떤 사람과 연애를 하지 말아야 할까요?

사랑을 하면 꿈, 희망, 열정이 몇 배는 솟아올라요. 얼굴이 화사해지고 예뻐진 이에게 "요즘 연애하나 봐?" 하잖아요. 누군가를 좋아할 때 얼굴색이 달라지고, 사랑받고 있을 때는 확실히 표정이 밝아요. 사랑의 유무는 행복의 중요한 조건이자 삶의 질을 좌우해요. 사랑이 없는 삶은 황폐하고 건조해요. 사랑하는 사람이 곁에 있다는 것은 평생 행복하게 살 수 있는 길이에요.

예전에 데이트 상대를 고르는 텔레비전 프로그램이 있었어요. 출연한 여성이 두 남성과 데이트를 했어요. 남성 A는 국내 일류대학을 나오고 영국에서 유학까지 한 엘리트였어요. 집안도 좋고 외모도 훌륭했어요. B는 백수 생활을 오래했고 외모도 변변치 않은 예술가였어요. 누가 봐도 비교할 수 없을 만큼 A가 탁월했어요. 시청자들은 당연히 그 여성이 A를 고를 거라고 생각했지요. 그런데 그 여성은 B를 선택했고, 그 이유를 이렇게 설명했어요.

"두 분과 똑같이 데이트하고 시간을 보냈어요. 누구와 있을 때 더 즐거웠나를 생각해 보니 저는 B였어요. 더 많이 웃었고 편안했어요."

요즘 젊은이들은 학벌, 재산, 부모님의 직업까지 따져 연애나 결혼을 한다더군요. 연애 상대를 고르는 기준은 나를 행복하게 해주고, 나를 웃게 하는 사람이냐예요. 함께 있을 때 편안하고, 또 만나고 싶은 사람이어야 해요. 외모, 학벌, 재산은 중요한 요소지만 일시적이에요. 그것 자체가 행복을 보장해 주지는 않아요.

— 요즘 청년들은 연애는 해도 결혼은 안 하려고 해요. 취직해서 돈 버는 것도 힘든데 누군가를 책임진다는 것이 부담스러운 것이지요. 회장님은 결혼을 꼭 해야 한다고 생각하시나요?

그렇지는 않아요. 나는 오히려 우리나라 결혼 문화가 더 개방될 필요가 있다고 봐요. 성 문제는 법으로 규정할 수 없는 의식의 문제예요. 법으로 촘촘하게 규제하려 들지 말고 선진적인 시민의식을 키워 스스로의 판단력을 높여야 한다고 봐요. 유럽같이 미리 살아보고 결혼하는 것도 합리적이에요. 일생에서 가장 중요한 배우자를 정하는데, 그 정도의 시간과 경험은 있어야지요.

어차피 결혼을 해도, 혹은 안 해도 후회한다면 하고서 후회하는 편이 낫다고 생각해요. 결혼을 안 하는 사람들은 내 마음에 쏙 드는 상대가 없다고 해요. 차라리 혼자가 낫다고요. 결혼한 사람들은 친구나 후배에게 결혼을 후회한다며 결혼하지 말라고 부추기고요. 그러면서 결혼을 하지 않으려는 분위기가 커지는 것 같아요.

결혼이 힘든 만큼 결혼 생활이 주는 즐거움도 있어요. 그런 경험을 해보지 않고 무조건 '결혼하면 후회한다'라는 인식은 적절하지 않은 것 같아요. 나는 오히려 결혼을 하려면 일찍 해서 빨리 경험해 보는 것이 인생에 더 도움이 되지 않을까 생각해요.

출산 역시 필수는 아니지만 부모가 되는 행복감이 있어요. 아이가 예닐곱 살이 될 때까지 여성은 한 아이의 절대적인 존재가 돼요. 이 세상에서 경험해 보지 못한 사랑을 주고받아요. 밖에서 아이 생각만 해도 웃음이 나고 행복해지잖아요. 아이들은 열 살 이전에 평생 할 효도를 다한다고 해요. 그만큼 사랑스러운 존재예요. 출산과 육아가 필수는 아니더라도 그런 경험은 소중해요. 인생에서 대가 없이 사랑을 주고, 절대적인 사랑을 받는 기회가 얼마나 있겠어요?

사랑이 가득한 집에 살고 싶다면

— 연애와 달리 결혼 생활은 오래 지속해야 하는 관계이다 보니 상대방이 식상하게 느껴질 때도 있고, 서로 실망하는 경우도 여러 번 겪어야 합니다. 이런 경우에는 어떻게 해야 할까요?

서로 새로운 모습을 자꾸 보여줘야 해요. 똑같으면 지루하고 따분해요. 음식도 같은 것만 먹으면 맛있다고 못 느끼잖아요. 옷도 새로 해 입고 머리 스타일도 바꾸고, 재미있는 영화 이야기도 해주면서 서로에게 새로운 모습을 보이면 좋겠어요. 물론 선물도 하고, 편지도 쓰면서 상대방을 기쁘게 해준다면 더욱 좋고요.

어떤 남성이 텔레비전에 나와서 "나는 결혼을 30번 했습니다"라고 했어요. 그때마다 결혼 상대는 자기 부인이었어요. 어느 해에는 주변 사람을 초청해 식사를 대접하고, 어느 해에는 친구를 주례자로 모셔 결혼식을 했대요. 그런 남편을 보면서 아내는 늘 새롭다고 느끼지 않겠어요? 결혼식을 할 때마다 서로에게 더 잘해야겠다는 각오도 할 것이고요.

부부는 대화, 행동, 분위기에서 새로움을 줘야 오래가고 사랑이 샘솟아요. 결혼 생활이 행복하려면 두 사람 모두 끊임없는 노력이 필요합니다.

— 그럼 회장님은 부부싸움을 안 하셨나요? 했을 때는 어떻게 풀었나요?

부부싸움이 거의 없었어요. 우리 부부는 성격이 다른 편이거든요. 서로 부딪치면 아내는 말을 안 하고 다른 방으로 피해버려요. 나는 꼭 쫓아가서 따져보는 성격이에요. 대신 싸움이 있으면 즉시 풀었어요. 불이 났을 때 작은 불은 물 한 컵으로

끌 수 있지만 그대로 두면 걷잡을 수 없이 번져서 소방차가 와도 온 집안이 다 타버려요. 사소한 다툼이었는데 아내는 밤새 남편을 더 미워할 거고, 과거의 일까지 모두 소환해서 남편은 물론 시댁까지 밉다고 느낄 거예요. 나는 갈등을 그날 내로 빠르게 해결해요. 아내가 나를 더 미워하지 않도록 말이에요.

어떤 때는 지는 게 이기는 경우도 많아요. 이 사람이 이렇게까지 나한테 해주면 '이런 배우자가 세상에 또 어디 있나' 하는 생각이 들거든요. 아내가 '우리 남편은 나한테는 져주는구나' 하면 내가 지는 게 아니거든요. 부부는 사랑하고 더 사랑하게 만드는 게임이지 한쪽이 이기고 지는 게임은 아니에요. 내가 더 사랑하자고 생각하면 가정이 훨씬 더 화목해집니다.

부부싸움은 때로 필요해요. 상대가 무슨 생각을 하는지 그때 알게 되거든요. 적당한 싸움은 활력소도 되고 자기반성의 기회도 됩니다. 대신 빠른 시간 안에 해결해서 배우자의 마음을 풀어주는 것이 좋아요.

— 살다 보면 상대 혹은 배우자에게 실망하는 경우가 있어요. 이럴 때 어떻게 마음을 다스려야 할까요?

성격이 느긋하고 편안해서 결혼했는데, 결혼해 보니 대화도 없이 자기 방에 들어가 책만 보고, 주말이면 골프만 치러 가는 게으른 남편일 수 있어요. 그러면 남편에게 실망하지요. 친구 사이도 그렇듯이 부부 사이도 서로 실망하고 짜증이 나는 날이 있어요. 그렇다면 내가 생각하는 완벽한 이성과 만나면 그런 일이 없을까요? 이상적이기는 하지만 그런 일은 불가능해요.

부부 사이는 항상 이어질 수 있는 끈을 만들어 봐야 해요. 그렇지 않으면 금세 멀어져 버려요. 부부 사이에는 새로운 활력이 필요해요. 새로운 것에 관심을 가져야 한다는 뜻이에요. 아내가 머리를 하고 왔으면, "머리 새로 했어? 예쁘네!"라고 칭찬해 줘야 합니다. 그럼 아내가 오늘 미용실에서 머리하면서 있었던 일을 이야기해 주지요. 그러면서 대화의 끈이 이어져요.

나는 아내에게 애정 표현을 자주 해요. 사랑한다는 말도 하고, 포옹하고 키스도 자주 해요. 텔레비전 볼 때는 아내의 손을 꼭 잡고 있어요. 우리 나이에 그렇게 산다고 하면 주변 사람들이 안 믿어요.

나는 아내에게 실없는 농담을 곧잘 해요. 문자메시지도 유치하게 보내요. 아내가 전화를 안 받으면 "우리 집사람이 어떤 남자를 만나는지, 내 전화를 안 받네?" 해요. 그럼 아내는 웃으면서 "내 나이가 몇 살인데 그런 말을 해요?" 그러지요. 그렇게 대화거리를 계속 만들어 내는 거예요. 한 번은 아내가 너무 텔레비전 드라마에 몰입해 있길래 "당신, 너무 드라마에 빠져 있는 것 같아. 지금부터는 내 얼굴 반 보고, 드라마 반 봐야 해"라고 시샘을 부렸지요. 아내는 나보고 네 살짜리 손자랑 수준이 똑같다며 환하게 웃어요.

나는 집에 가서 심각하고 어려운 회사 이야기를 하지 않아요. 아내에게는 가능한 즐거운 일, 행복한 일만 이야기해요. 쓸데없는 이야기, 밖에서 들은 농담을 하면서 웃겨주니까 아내는 나를 이상하다고 여겨요. "이런 사람이 어떻게 그 어렵고 복잡한 사업을 40년 동안이나 하고 있는지 모르겠다"라고 합니다.

그렇게 서로에게 자극을 주는 거예요. 철없는 농담을 하면서 웃고 아내에게 사랑한다는 신호를 보내는 거예요. 노력 없이 무조건 사이좋은 부부 사이는 없어요. 새로운 사랑이 샘솟도록 끊임없이 노력하는 거예요. 서로 지루하지 않고, 권태롭지 않도록 말이에요.

　　— 자녀 때문에 속 썩는 분들이 있어요. 자식이 기대만큼
　　해주지 못할 때 무척 속상하다고요. 다른 집 아이들이 공
　　부 잘하는 것을 보면 비교가 돼 더 실망스럽지요. 이런 사
　　람들에게 회장님은 어떤 조언을 해주실 건가요?

자식은 부모 마음대로 되지 않는다고 하잖아요. 자식에 대해 기대가 클수록 실망도 커요. 그냥 '우리 애가 나쁜 놈만 아니면 괜찮다'라고 생각해 보세요. 어디 가서 다른 사람에게 피

해주거나 속이는 짓은 하지 않으니까 그 정도면 만족한다고요.

부모가 다 큰 자식을 어떻게 컨트롤하겠어요. 일정 나이가 되면 자기가 알아서 인생을 헤쳐나가도록 뒤에서 지켜봐야지요. 사랑할수록 너무 귀하게 키우지 말아야 해요. 마음속으로는 귀해도 아이가 스스로 할 수 있도록 자율을 줘야 해요. 아이만 바라보지 말고 부모의 행복도 중요해요. 아이가 자기 인생을 찾을 수 있도록 도와주고, 자신의 인생도 잘 만들어 가라고 조언하고 싶어요.

마음을 다스려야 건강해진다

— 회장님은 70대인데도 건강을 잘 유지하고 계십니다. 건강을 잘 관리하는 비결이 있습니까?

무엇보다 긍정적인 사고를 하는 것입니다. 사람의 정신은 육체와 연결돼 있습니다. 정신이 건강하지 않으면 몸이 건강할 수 없어요. 고민이 많고, 우울하고, 답답한 상황 속에서는 몸이 건강하기 어려워요. 정신적으로 힘든 일을 겪은 사람이 1~2년 후에 신체가 망가지는 경우가 자주 있잖아요.

긍정적으로 생각하고 건강한 정신을 지녀야 마음이 즐겁고,

몸도 좋아져요. 건강할 때는 면역력이 높아서 외부에서 세균이 침입해도 인체가 그 균을 막아내잖아요. 입안으로도 수많은 균이 들어오는데, 침이 생성되면서 나쁜 균이 막아진다고 해요. 건강하지 못하면 침 생성이 줄어 균을 막아내지 못하고요.

결국 내 마음을 다스려 건강한 상태를 유지해야지요. 기분 좋게 음식을 먹으면 소화도 잘돼요. 기분 나쁜 상태에서 불편하게 밥을 먹으면 소화도 안되고, 체하기도 해요. 나는 늘 긍정적인 생각, 감사하는 마음을 가지려고 노력합니다.

— 그렇다면 건강을 유지하기 위해 하지 말아야 할 것은 무엇인가요?

부정적인 생각이지요. 누구에게나 부정적인 생각은 있어요. 나에게도 매일 나쁜 생각, 걱정거리가 찾아와 마음을 무겁게 해요. 어떨 때는 부정적인 생각이 꼬리에 꼬리를 물고 이어져요. 이것을 긍정적으로 바꾸려고 부단히 노력합니다. '돈이 없어서 사업이 어렵다'라는 생각이 들면 '예전에 돈이 더 없을 때도 잘 해냈잖아. 분명 해결법이 있을 거야!'라고 생각을 바꿔요. 어느 날은 한쪽 다리가 아파서 병원에 갔어요. 다리가 불편하니까 마음이 가라앉더라고요. 그때는 '더 많이 아파서 걷지도 못하는 사람도 있는데 이 정도면 아직 건강하잖아!'라고 나를 다독였어요. 나는 매일 아침 씻을 때 욕조에 몸을 담가요. 따뜻한 물에 있으면 기분이 무척 좋아요. 그러면서 내 기분을 상쾌하게 만드는 거예요. 하루를 긍정적으로 보내겠다는 결심도 하고요.

부정적이지 않은 사람은 없어요. 나쁜 일을 겪으면 누구나 부정적인 생각을 하고 불안해해요. 나는 이런 생각을 멈추고 좋은 생각으로 바꾸려고 노력해요. 부정을 긍정으로 바꾸는 것도 습관이거든요.

— 부정적인 생각이 나쁘다는 것은 알지만, 그게 쉽게 없어지지 않더라고요. 부정을 긍정으로 바꾸는 노하우를 알려주시겠어요?

나쁜 영향을 주는 사람들을 되도록 덜 만나요. 부정적인 사람이 주변에 있으면 나도 부정적인 생각을 하게 돼요. 누구를 욕하고 원망하는 마음에는 긍정이 자라지 못해요. 긍정적인 사람, 즐거운 사람들을 가까이에 두고 자주 만나요.

세상에 늘 편하고 행복한 사람은 없어요. 괴롭지 않으면 사는 게 아니에요. 그걸 완전히 없앨 수는 없어요. 부정적인 상황에 휩싸여 고민과 부담만 안고 있으면 해결할 수 없어요. 힘들더라도 긍정적인 생각으로 용기와 희망을 만들어 내는 것이 중

"

부정적이지 않은 사람은 없어요.
누구나 부정적인 생각을 하고 불안해해요.
나는 이런 생각을 멈추고
좋은 생각으로 바꾸려고 노력해요.
부정을 긍정으로 바꾸는 것도 습관이거든요.

"

요해요.

나는 한여름에 땀을 뻘뻘 흘리면서 골프를 치면 기분이 너무 좋아요. '내 몸속에 노폐물이 다 빠져나가고 있구나! 그래, 더 더워져라!'라고 생각하지요. 겨울에 추워서 골프를 못 친다는 친구들이 있어요. 나는 걱정 안 해요. 추우면 옷을 따뜻하게 입고 치면 되지 왜 미리 걱정하나요? "추워죽겠네"라는 말도 하지 않아요. 겨울은 추워야 정상이에요. 한 해 중 더운 여름, 추운 겨울을 빼면 좋은 날씨가 며칠 없어요. 날씨를 탓하면 행복도 그만큼 줄어드는 거예요. 더우면 더워서 좋고, 추우면 추워서 감사해요. 봄가을에는 날씨가 좋으니 그날을 기다리며 살고요.

부정적인 생각을 버리는 것은 건강에 지대한 영향을 미쳐요. 생각을 긍정적으로 바꿀 때 훨씬 행복하고 몸도 편안해요. 물 한 잔을 마실 때도 '이걸로 내 몸이 깨끗해지는구나', 밥을 먹으면서도 '이렇게 맛있는 음식을 먹을 수 있구나'라고 생각하면 얼마나 고마워요?

— 회장님은 원래 긍정적인 분인 줄 알았는데, 부정적인 생각을 긍정적으로 바꾸려고 노력하신다는 말씀이 마음에 와닿습니다. 만나는 사람, 생활 습관을 바꾸는 노력도 필요한 것 같습니다.

누구에게나 부정적인 생각이 와요. 나도 다른 사람과 똑같이 느껴요. 다만 빨리 생각을 바꾸고 내 마음을 다스리는 습관을 스스로 만든 것입니다.

— 다른 사람과 비교하는 데서 오는 부정적 영향도 큰 것 같습니다. 다른 사람이 잘되면 어쩐지 자신이 초라해지고, 우울해집니다. 남과 비교하는 습관 때문에 힘들 때는 어떻게 마음을 다스리면 좋을까요?

얼마 전에 내게 멘토링을 해달라고 찾아온 사람이 그래요. "경쟁사도 너무 싫고, 경쟁자가 죽이고 싶도록 밉다"라고요. 사실 나는 경쟁자를 미워한 적이 별로 없어요. 오히려 경쟁자 때문에 우리 회사가 발전한다고 믿어요. 경쟁사에서 좋은 제품을 만들면 우리는 더 좋은 것을 만들어야겠다고 생각했어요. 경쟁사 제품을 보면서 오히려 자극을 많이 받았습니다. 경쟁자는 시장을 키워주는 존재이기도 해요. 햄버거 가게가 하나일 때보다 옆에 몇 개 더 생기면 햄버거 먹으려고 오는 사람들이 늘어나요.

경쟁자를 미워하는 마음은 나를 먼저 해쳐요. 남과의 비교가 꼭 나쁜 것만은 아니에요. 자기 발전의 자극제로 삼으면 오히려 도움이 될 수 있어요. 경쟁의 관계를 받아들이면 내가 성장할 수 있지요. 경쟁자 때문에 더 많이 공부하고, 더 노력할 거 아니에요? 마라톤에서도 선두 그룹 안에 경쟁자가 있어야 기록을 높일 수 있어요. 그 사람을 이기려고 이를 악물고 달리잖아요. 경쟁을 피해서 다른 데를 가면 또 다른 경쟁자, 나보다 더 잘하는 사람이 반드시 있어요. 그러니 비교해서 괴로워하기보다는 발전과 자극의 계기로 삼으라고 조언하고 싶어요.

　— 스스로를 존중하지 못하고 비하하는 사람이 있습니다. 자존감이 낮은 사람은 어떻게 해야 이런 마음을 바꿀 수 있을까요?

　학생들이 노력해도 성적이 오르지 않으면 '나는 안 되나 보다'라고 생각해요. 직장에서도 나름 열심히 했다고 하는데, 좋은 평가를 받지 못하면 스스로에게 실망하는 사람이 있어요. '내가 그렇지 뭐!'라며 자신을 비하하면서요.

　그렇게 포기해 버리면 더 깊은 수렁으로 빠져요. 해결되는 것은 없고 자존감은 바닥으로 가라앉아요. 그럴 때는 자신이 잘하는 쪽으로 고개를 돌려보세요. 영어를 못하는 학생이지만 수학이나 역사를 잘할 수 있잖아요. 자기가 잘하는 것을 보면서 자신을 귀하게 여겨야 또 다시 도전할 열정이 생깁니다.

　「나의 신조」에 보면 '나는 나의 능력을 믿으며'라는 구절이 있어요. 자만하지 않되 스스로를 믿어야 해요. 내가 나를 믿어 주지 않으면 발전할 수 없어요. 부정적인 결과 때문에 단념해 버리면 다시는 돌아올 수 없습니다. 자신이 잘할 수 있는 것을 찾아보면 누구에게나 장점이 있어요. 그것을 발전시키면서 자존감을 회복해야 합니다. 자존감이 무너지는 상황을 오래 방치 하면 회복이 더 힘들어져요. 담배도 오래 피면 끊기 어렵고, 병도 오래되면 고치는 데 오랜 시간이 걸리잖아요. 자존감이 무너졌을 때 바로 회복을 시도해야 빨리 치유할 수 있습니다.

인생을 현명하게 경영하는 법

― 정신 건강을 위한 취미 생활도 필요하지요? 하지만 직장인들은 바쁘다는 이유로 취미 생활을 즐기는 것이 쉽지는 않습니다.

인생에서 취미 생활은 절대적으로 필요합니다. 일만 하면서 보낸 인생은 나중에 나이 들면 후회해요. 즐길거리가 있어야 삶이 풍요로워요. 일 때문에 시간이 없다는 것도 어찌 보면 핑계 같아요. 없는 시간을 쪼개서 취미 생활을 해야 그 시간이 더 소중해요.

취미 생활에도 노력과 공부가 필요합니다. 취미 생활을 할 시간을 내려면 다른 일을 부지런히 처리해야 할 거 아니에요? 또 공부도 해야 해요. 내 주변에 마작을 같이 하고 싶어 하는 친구가 있는데 끼워주지를 못해요. 마작은 복잡해서 한 3개월 집중해서 배워야 하거든요. 바둑도 일정 수준에 오르려면 매일 연습하고 공부해야 합니다. 골프도 연습장에 가서 매일 연습을 해야 일정한 수준에 올라요. 공부, 노력이 있어야 '취미'라고 말할 수 있는 수준이 됩니다.

취미도 조금 복잡하고 단계가 있어야 흥미를 느껴요. 단순하게 반복되는 게임은 오래 재미를 느끼기 어려워요. 나는 바둑이 복잡할수록 재미가 있고, 지금도 더 높은 단계로 도전하고 싶어요.

나이 들어 취미도 없이 텔레비전만 보고 있는 인생이 무슨 낙이 있겠어요? 생활의 활력을 주는 취미가 있으면 일도 열심히 하게 돼요. 빨리 일을 끝내고 취미 생활을 하려고요. 나는 주말에 바둑을 두는 약속이 있으면 금요일부터 마음이 설레요. 바둑은 내 행복에 지대한 영향을 미칩니다. 젊은 시절부터 취미 생활을 위해 시간을 투자하고 노력하면 나중에 큰 도움이 될 거예요.

— 건강을 위해 운동이 필요한 것은 알지만 현대인은 늘

시간이 부족합니다. 운동할 시간도 여의치 않고요. 시간
이 부족할 때 현명하게 운동하는 방법이 있을까요?

운동은 누구나 싫어해요. 특별한 몇몇을 빼면 대부분이 그
래요. 전교 1등을 하는 사람 빼고는 거의 모든 학생들이 공부
하기 싫어하는 것과 마찬가지예요. 운동은 추우면 추워서, 더
우면 더워서 싫어요. 늘 핑계를 대고 안 할 궁리를 하지요.

그럼에도 정신과 육체의 건강을 위해 운동은 반드시 해야
합니다. 운동은 일정 기간 동안은 억지로라도 하면서 습관으로
만들어야 하는 것 같아요. 어느 시점에 이르면 운동하는 것이
당연하고, 안 하면 뭔가 마음에 걸리는 단계가 있습니다. 그때
까지는 내키지 않아도 계속할 필요가 있어요.

운동하러 갈 시간이 없다면 일상에서 운동할 방법은 많이
있으니 활용해 보세요. 지하철 한 정거장 전에 내려 걷는다거
나, 점심 식사 후에 사무실 주변을 가볍게 산책하기만 해도 효
과가 있어요.

몸의 컨디션을 잘 유지하는 것은 중요해요. 정신력만 있다
고 모든 것이 해결되지는 않아요. 몸이 아픈데 어떻게 정신이
맑고, 새로운 의욕이 생기겠어요? 예전에 행복전도사로 불리
던 최윤희 씨라는 분이 있었어요. 행복의 중요성을 설파하는
유쾌한 분이었지요. 그런데 이 분이 지병이 있어 통증이 심했

대요. 정신적으로는 행복하지만, 몸이 너무 아프니까 견딜 수가 없다면서 스스로 세상을 버렸어요. 아무리 정신이 건강해도 몸이 따라주지 않으니까 버티지를 못한 것 같아요.

육체와 정신은 연결돼 있지만 정신이 육체의 건강을 보장하지는 않아요. 정신은 정신대로, 육체는 육체대로 건강하게 가꿔야 합니다. 그러니 바쁘더라도 최상의 컨디션을 유지할 수 있도록 자신의 몸을 돌보는 데 투자하세요.

— 인생에서 중요한 선택을 내려야 하는 순간이 있습니다. 대학 전공을 정할 때, 이직을 할 때가 그런 순간일 텐데요. 중요한 선택을 앞두고 무엇을 기준으로 결정하면 만족도가 높고 후회가 없을까요?

첫 번째로 내가 무엇을 좋아하는지를 생각해 보세요. 어떤 일을 할 때 가장 재미있었는지, 가장 신났는지를 기준으로 선택하는 것입니다. 이때 남들 눈이나 바람을 너무 의식할 필요 없어요.

나는 커피믹스를 좋아해요. 그걸 본 내 또래 지인이 "회장님, 아직도 커피믹스를 드십니까? 향기와 맛 좋은 원두커피가 많은데 아직도 옛날 커피를 드시네요" 해요. 그 뒤로 약간 신경이 쓰이더라고요. 나는 여전히 커피믹스가 좋은데 주변 눈을 의식하게 된 것이지요. 하지만 그럴 필요가 없겠다 싶더라고요. 요즘은 원두커피도 마시고 커피믹스도 마십니다. 호텔에 가면 좋은 원두로 내린 커피를 마시고, 오후 나른할 때는 달콤한 커피믹스도 마십니다. 커피를 고급으로 마신다고 수준 높은 것은 아니라고 생각해요. 그저 기호일 뿐이지요. 남들 눈에 조금 촌스럽고 뒤떨어지면 어때요? 내가 좋아하는 커피를 마시고 행복하면 되지요.

다른 사람에게 피해를 주는 것이 아니라면 자신이 가장 좋아하는 것을 선택해야 후회가 덜해요. 좋아하는 일이라야 오래 지속할 수 있습니다. 학생들이 학과를 정할 때도 부모들의 영향이 크지요. 공부할 사람은 그 학생이에요. 스스로 결정해야 책임감도 생기고 오래도록 행복합니다.

— 부득이한 일로 약속을 못 지킬 경우 회장님은 어떻게 하시나요? 자칫 잘못하면 상대방이 불쾌하거나 섭섭할 수도 있잖아요.

나는 약속을 취소하거나 못 지킬 경우에는 가능한 솔직하게 이유를 말합니다. 진심을 다해 설명합니다. 상대방은 자신을 무시해서 약속을 어긴다고 오해할 수도 있거든요. 약속을 못 지킬 상황이 생기면 상대가 납득할 수 있도록 설명을 해줘야 합니다. 약속을 잘 지킨다는 믿음을 평소에 만들어 놓는 것이 먼저겠지만요.

— 회장님도 재테크를 하신 적이 있나요? 재테크는 어떻게 하는 것이 좋을까요?

재테크를 한 적은 없지만 기준은 있어요. 월급을 아껴 꼬박꼬박 저축해 1~2퍼센트 이자를 받는 것은 젊은 사람한테 권하고 싶지는 않아요. 사고 싶은 옷도 안 사고, 여행도 안 가고, 커피값도 아끼면서 살면 인생이 재미가 없어요. 그 돈은 물가상승률을 고려하면 큰돈이 아닐뿐더러 나중에 허망해져요. '무엇 때문에 이렇게 열심히 살았을까?'라고 후회할 수 있습니다.

나는 단기적인 재테크보다는 장기적 투자를 하라고 조언하고 싶어요. 부동산을 볼 때도 '이쪽과 저쪽에 길이 있으니 이 사거리는 언젠가는 상권이 커지겠다' 하는 땅을 사서 장기적으로 소유하는 거예요. 주식도 우량주를 사놓고 오래 보유하기를 권해요.

재테크를 한다고 돈을 빌려 투자하는 것은 위험해요. 부동산 가격이 오른다고 부동산에 몰려가고, 주식이 오른다고 주식시장에 따라 들어가지는 말라는 이야기예요. 다른 사람의 조언에 따라 움직이지 말고 내가 꾸준히 관심을 갖고, 감당할 수 있는 범위 내에서 장기적인 투자를 하라고 조언하고 싶습니다.

— 회장님 주변에 부하 직원이나 조언자들이 많이 있지요? 그중에는 정말 좋은 조언을 하는 직원도 있지만, 실패의 원인이 되는 조언을 한 사람도 있을 것 같습니다. 혹은 배신하는 경우도 있을 수 있고요. 이런 사람들을 어떻게 관리하고 다루셨습니까?

2012년 웅진이 법정관리를 받을 때 어려움을 겪으니, 옳은 조언을 해준 사람과 잘못된 조언을 했던 사람들이 구분됐습니다. '그때 그 사람의 조언과 다른 선택을 했더라면 지금 이렇게 힘들지 않을 텐데……'라고 후회도 했지요.

그러나 어떠한 순간에도 그들을 원망하거나 미워한 적은 없습니다. 그 사람이 옳은 조언을 했건, 잘못된 보고를 했건 모든 것은 CEO인 나의 책임이니까요. 내가 그 사람을 부하 직원으로 선택했고, 신뢰했기 때문에 벌어진 일들입니다. 내가 그 사람을 쓰지 않았다면 그런 일은 없었을 것입니다. 그러니 전적으로 나의 잘못입니다. 장관이 일을 못하면 그 사람을 임명한 대통령이 책임져야 하지 않겠습니까? 인사권을 가진 내가 제대로 사람을 선택하지 못했고, 바르게 컨트롤하지 못했고, 조언을 걸러 듣지 못한 것이지요. 그 사람을 내보내거나 바꿀 수도 있었는데 그러지 않았으니 나의 판단이 잘못된 것입니다.

40년 경영을 하면서 좋은 사람, 나쁜 사람, 배신자, 간신배도 있었으나 그들을 원망하거나 책임을 미룬 적은 없습니다. CEO는 권한이 큰 만큼, 책임도 큰 법이니까요.

행복은 스스로 만드는 것

— 인생의 목표는 결국 '행복'이 아닐까요? 행복하려면 어떻게 해야 할까요?

행복한가, 행복하지 않은가의 구분은 아주 쉽습니다. 종이에 좋아하는 사람의 이름을 더 많이 쓸 수 있으면 행복한 사람이고, 미워하는 사람의 이름을 더 많이 쓴다면 불행한 사람입니다. 가족, 친구, 애인, 동료, 제자 중에 좋아하는 사람이 많으면 행복합니다. 반면 이 사람은 이래서 싫고, 저 사람은 저래서 싫으면 행복할 수가 없어요. 내가 좋아하는 사람이 얼마나 있느냐가 행복의 잣대입니다.

행복은 긍정적인 생각을 하고, 긍정적인 말을 쓰는 것에서 시작합니다. 부정적인 말은 사람의 마음을 갉아먹습니다. 간혹 일하는 데만 자신의 시간을 쓰는 사람들을 봅니다. 그들은 아무리 돈이 많아도 행복을 느끼기 어렵습니다. 자신의 즐거움을 위해 시간과 돈을 쓸 줄 모르니까요. 여행도 가고, 사랑하는 사람들과 함께하는 행복을 모른 채 사는 것이지요.

나는 가끔 행복을 위한 소비도 필요하다고 생각합니다. 마음에 드는 구두가 있는데 100만 원이에요. 내 형편에 너무 비싸요. 꼭 갖고 싶다면 어떤 방법으로든 사는 것이 행복이에요. 100만 원이라는 큰돈을 쓰지만 구두를 가진 행복의 가치가 더 크니까요. 하지만 100만 원짜리 구두가 있는데, 또 100만 원짜리 구두를 사고 싶어 한다면 그때부터는 행복보다는 사치, 과시로 흘러가는 거예요.

배우자도 행복에 지대한 영향을 미쳐요. 남편과 만나면 즐거워야 하는데 재미없고 싸움이 반복된다면 행복할 수 없어요. 배우자를 고를 때는 서로 행복을 주고받을 수 있는 사이인지를 따져보고 신중하게 선택해야 합니다. 부부는 서로를 행복하게 해주려고 노력하는 사이입니다.

행복은 누가 주는 것이 아니라 스스로 만드는 거예요. 내 조건이 나쁘다고 불행한 것은 아니에요. 여행을 가고 싶은데 돈이 없어서 못 간다고 생각하면 내내 불행해요. 그럴 때는 제주도는 못 가지만, 가까운 근교라도 여행하면 불행하다는 마음은 씻어버릴 수 있어요.

나는 지금도 행복하다고 생각하고 감사하며 살고 있어요.

내가 부자라서가 아니에요. 한창 사업이 어려울 때, 사람들이 속 썩일 때는 너무나 고통스러웠습니다. 그럴 때는 이렇게 생각했어요. '내가 이런 일을 해결할 수 있는 능력이 있으니 얼마나 행복한가? 이 정도 고생도 안 하면서 회장이라고 할 수 있겠나?' 현재를 감사히 여기는 마음에서 행복이 찾아옵니다.

— 회장님은 그간 수많은 도전을 해오셨고 여전히 멈추지 않고 계십니다. 회장님이 꿈꾸시는 새로운 도전은 어떤 것입니까?

가끔 생각해요. '내가 이 세상에 없을 때 사람들은 나를 어떻게 평가할까?', '멋있게 사업을 했다, 깨끗한 기업인이다, 늘 도전하고 꿈꾸는 경영자였다'라고 나를 평가해 주면 좋겠어요. 요즘도 나는 꿈을 꾸고 새로운 도전을 해요.

나는 경영자가 사업을 잘하는 것이 진정한 사회공헌이고 국가에 이바지하는 길이라 생각해요. 몇천 명의 일자리를 만들었고, 국가에 성실하게 세금을 납부해서 경제를 활성화시켰으니까요. 지금도 계속 새로운 사업을 구상하고 시작하는 것은 그런 차원에서입니다. 더 많은 일자리를 만들고, 더 많은 세금을 내고, 더 좋은 회사로 키워서 사회에 좋은 영향력을 주고 싶어요.

나는 지금 오히려 더 많은 꿈을 꿉니다. 해보고 싶은 일들이 머릿속에 가득합니다. 코로나19가 처음 터졌을 때 웅진씽크빅은 큰 위기에 처했지만, 오히려 이때가 온라인교육을 정착시킬 기회라고 봤어요. 정말 2년이 지나자 웅진씽크빅은 온라인교육의 선두주자로 우뚝 섰어요. 앞으로 다가올 메타버스 시대에도 1등 교육 기업의 자리를 유지하기 위해 혁신을 거듭하는 중입니다. 나는 이런 계획이 즐겁고 행복해요. 그래서 기업을 더 성장시키려고 해요. 보다 많은 일을 하고 싶어서요. 평생 꿈을 갖고 열심히 일하고, 행복하게 일했던 경영자로 남고 싶어요. 그래서 오늘도 도전하고, 또 도전합니다.

인터뷰어의 말

전미영
(서울대학교 소비트렌드분석센터 연구위원)

개인적인 독서 취향을 말하자면 자기계발서를 즐겨 읽지 않는 편이다. 대담집이란 약간 게으른 사람들이 쓰는 책이라는 편견도 가지고 있다. '어떤 스타일의 책을 선호하는지'에 대해 아무도 궁금해하지 않기에, 그동안 이런 편협한 취향을 남들에게 들킬 일이 없었다. 그러다가 아주 우연한 기회에 나의 독서 취향과는 아주 극단에 위치한 '리더십에 관한 대담집'의 질문자 역할을 담당하게 됐다. 역할을 수행하다 보니 그동안 얼마나 옹졸한 시각으로 세상을 바라봤는지 깨닫게 돼 새삼 부끄러웠다.

인터뷰이가 돼주신 윤석금 회장은 세일즈맨으로 시작해 웅진그룹을 창업한 뒤 국내 재계 순위 30위권까지 올려놨던 대표적인 자수성가형 기업인이다. 지금은 익숙한 '가전 렌털 사업 모델'을 시장에 최초로 소개하는 등 기업이 당면한 위기 상황을 창의력 하나만으로 극복해 온 경영계의 입지전적인 인물이다. 최근 주목받고 있는 'ESG'라는 단어가 생기기 훨씬 전부터 투명경영을 중시해 온 것도 인상적이다. 웅진그룹이 법정관리에 들어가 검찰 조사를 받을 때에도 비자금 등 개인 비리는 단 한 건도 발견되지 않아 담당 검사가 "참 잘 사셨네요"라고 했다는 일화도 유명하다.

이처럼 탁월한 업적 때문일까. 대담을 처음 시작할 때에는 '평범한 내가 윤 회장님의 생각에 얼마나 공감할 수 있을까' 하는 부담감이 앞섰다. 혹은 큰 업적을 이룬 인물답게 '성실해야 한다'라거나 '역발상하라'처럼 다소 당연한 이야기를 들려주실까 봐 염려도 됐다. 하지만 이런 생각은 모두 기우였다. 뚜렷한 답이 존재하지 않을 것 같은 질문에 막힘없이 대답을 해주시는데, 하나같이 예상하지 못했던 방향이어서 때로는 머리를 한대 맞은 것 같았다.

인터뷰어로서 가장 신경 쓴 부분은 '질문의 평범함'이었다. 기업가, 대표, 임원 등 당장 리더십이 필요한 분들에게 중요한 질문보다는, 사회 초년생, 중간관리자 등 주변 사람들이 품고 있는 소소하지만 반드시 해결돼야 하는 고민을 질문에 담고자 노력했다. '내 성과를 가로채는 동료를 어떻게 대할 것인가', '상사를 무시하는 조직원과 어떻게 함께 일할 것인가'처럼, 살다가 한 번쯤은 마주치게 되는 문제상황에 대해 윤 회장님의 혜안을 듣고자 했다.

요즘처럼 사람의 마음을 이해하기 어려운 시기가 있을까 싶다. 언론은 소비자를 X, M, Z세대로 쪼개며 세대 간 격차를 강조한다. 기업은 애자일조직을 지향하면서 직원들이 이전보다 더 작은 집단에 소속되도록 한다. 집단이 쪼개지고 세분화될수록, 우리가 속한 세상의 크기도 작아진다. 작은 집단일수록 한번 틀어진 관계를 회복하기가 더욱 어려울 수밖에 없다. 그 어느 때보다도 조직과 관계에 대한 고민이 큰 시기, 『나를 돌파하는 힘』은 색다른 시각으로 인생의 과제를 해결해 온 윤석금 회장의 멘토링이 돋보이는 책이다. 회사에서 힘든 하루를 보내고 돌아와 문득 삶이 막막하게 느껴질 때, 이 책을 펼쳐 읽고 작은 힘을 얻을 수 있으면 좋겠다.

나를 돌파하는 힘

초판 1쇄 인쇄 2022년 6월 17일
초판 1쇄 발행 2022년 6월 24일

지은이 윤석금
대담 전미영

발행인 이재진 **단행본사업본부장** 신동해
편집장 김예원 **책임편집** 김다혜 **교정** 신나래
표지디자인 studio forb **본문디자인** 김은정
마케팅 최혜진 이은미 **홍보** 최새롬 **제작** 정석훈

브랜드 리더스북
주소 경기도 파주시 회동길 20
문의전화 031-956-7361(편집) 02-3670-1024(마케팅)
홈페이지 www.wjbooks.co.kr
페이스북 www.facebook.com/wjbook
포스트 post.naver.com/wj_booking

발행처 ㈜웅진씽크빅
출판신고 1980년 3월 29일 제406-2007-000046호

ⓒ윤석금, 2022
ISBN 978-89-01-26118-8 03320

리더스북은 ㈜웅진씽크빅 단행본사업본부의 브랜드입니다.
이 책은 저작권법에 의해 한국 내에서 보호를 받는 저작물이므로 무단전재와 무단복제를 금합니다.
이 책 내용의 전부 또는 일부를 이용하려면 반드시 저작권자와 ㈜웅진씽크빅의 서면동의를 받아야 합니다.

※ 책값은 뒤표지에 있습니다.
※ 잘못된 책은 구입하신 곳에서 바꾸어드립니다.